Sobre a Verdade

J. Krishnamurti

Sobre a Verdade

Tradução
PEDRO S. DANTAS JR.

EDITORA CULTRIX
São Paulo

Título do original:
On Truth

Krishnamurti Foundation Trust, Ltd.
Brockwood Park
Bramdean, Hampshire S024 0LQ
England

Instituição Cultural Krishnamurti
Rua dos Andradas, 29 – Sala 1007
20051-000 – Rio de Janeiro, RJ – Centro
Brasil
Telefone (021) 232-2646

Edição	Ano
1-2-3-4-5-6-7-8-9	97-98-99-00

Direitos de tradução para a língua portuguesa
adquiridos com exclusividade pela
EDITORA CULTRIX LTDA.
Rua Dr. Mário Vicente, 374 – 04270-000 – São Paulo, SP – Fone: 272-1399
E-MAIL: pensamento@snet.com.br
http://www.pensamento-cultrix.com.br
que se reserva a propriedade literária desta tradução.

Impresso em nossas oficinas gráficas.

Religião significa examinar com dúvida, questionar com ceticismo, investigar o que vem a ser a verdade. Isso é religião.

Ojai, 2 de maio de 1981

Sumário

Prólogo

Jiddu Krishnamurti nasceu na Índia em 1895 e com treze anos foi aceito pela Sociedade de Teosofia, que o considerou talhado para o papel de "professor do mundo", advento que vinha anunciando. Em pouco tempo Krishnamurti despontaria como professor vigoroso, independente e original, cujas palestras e escritos não se ligavam a nenhuma religião específica nem eram próprios do Ocidente ou do Oriente, mas sim de todo o mundo. Repudiando com firmeza a imagem messiânica, em 1929 ele dissolveu dramaticamente a ampla organização monetizada que se constituíra à sua volta e declarou ser a verdade um "território inexplorado", do qual ninguém poderia aproximar-se por intermédio de nenhuma religião formal, filosofia ou seita.

Pelo resto da vida Krishnamurti rejeitou com vigor a condição de guru que tentavam impingir-lhe. Continuou a reunir grandes multidões em todo o mundo, mas não se atribuía nenhuma autoridade, não desejava discípulos, e falava sempre como um indivíduo se dirigindo a outro. No âmago de seus ensinamentos encontrava-se a constatação de que mudanças fundamentais na sociedade só podem ser conseguidas por meio da transformação da consciência individual. Enfatizava constantemente a necessidade do autoconhecimento e da compreensão das influências restritivas e separatistas da religião, bem como das condicionantes nacionalistas. Krishnamurti apontava sempre a urgente necessidade de abertura, desse "amplo espaço da mente em que há inimaginável energia''. Esse parece ter sido o manancial de sua própria criatividade e a chave para o poder catalisador que exercia sobre uma variedade tão grande de pessoas.

Palestrou sem cessar em todos os cantos do mundo até sua morte, em 1986, aos noventa anos de idade. Conferências, diálogos, diários e cartas de Krishnamurti foram reunidos em mais de sessenta livros. Desse vasto conjunto de ensinamentos compilou-se esta série de livros temáticos. Cada livro focaliza um assunto de relevância e urgência particulares em nossa vida diária.

Poona, 3 de Outubro de 1948

Questionador: A memória, segundo o senhor diz, é uma experiência incompleta. Eu me lembro e tenho uma impressão bem viva de suas palestras anteriores. Em que sentido esta é uma experiência incompleta? Por favor, explique em detalhes.

Krishnamurti: O que entendemos por memória? Na escola você acumula uma quantidade enorme de fatos, de conhecimentos técnicos. Se for um engenheiro, você usará a lembrança do conhecimento técnico para construir uma ponte. Isso é memória factual. Existe também a memória psicológica. Você me diz algo, agradável ou desagradável, e eu o guardo na memória; e quando eu o encontrar de novo, eu o farei com essa recordação, com a lembrança do que você disse ou não disse.

Assim, há duas facetas na memória: a psicológica e a factual. Elas estão sempre interligadas e, portanto, não têm uma delimitação clara. Sabemos que a memória factual é essencial como modo de vida. Mas, e a memória psicológica? Qual é o fator que guarda a memória psicológica? O que faz com que alguém se lembre de um insulto ou de um elogio? Por que a pessoa guarda certas lembranças e rejeita outras? Sem dúvida, a pessoa guarda as lembranças que lhe são agradáveis e evita aquelas que lhe são desagradáveis. Se você observar bem, verá que as lembranças dolorosas são colocadas de lado com mais rapidez do que as agradáveis. E a mente é memória, em qualquer nível, como quer que você a chame; a mente é um produto do passado, baseia-se no passado, um passado que é memória, que é um estado condicionado.

Bem, mas é com essa memória que enfrentamos a vida, os novos desafios. Um desafio é sempre novo, mas nossa resposta a ele é sempre velha, pois é resultado do passado. Assim, ter uma experiência sem o passado é um estado e tê-la com uma lembrança é outro. Ou seja, existe um desafio, que é sempre novo. Eu o enfrento com a resposta, com o condicionamento do antigo. O que acontece? Eu absorvo o novo, eu não o compreendo, e experimento o novo condicionado pelo passado. Portanto, há apenas uma compreensão parcial do novo, jamais a compreensão completa. E só quando existe essa plena compreensão a respeito de algo é que não fica nenhuma cicatriz na memória.

Quando existe um desafio, que é sempre novo, você o enfrenta com a resposta do antigo. A resposta antiga condiciona a nova e portanto a distorce, dando origem a um preconceito. Não existe, pois, a completa compreensão do novo; por isso ele é absorvido pelo antigo e, em conseqüência, o fortalece. Apesar de parecer abstrato, isso não é difícil se você examinar a questão de perto, com cuidado. A situação do mundo atual exige uma nova abordagem, uma nova forma de enfrentar o problema mundial, sempre novo. Somos incapazes de abordá-lo adequadamente porque o fazemos com a nossa mente condicionada, com preconceitos nacionais, locais, religiosos e de família. Ou seja, nossas experiências anteriores funcionam como barreiras à compreensão do novo desafio, e assim continuamos a cultivar a memória sem jamais compreender o novo e nunca encaramos o desafio de forma completa. O desafio só dá frutos e riquezas quando se está apto a enfrentá-lo de forma nova, original, sem o passado.

O questionador diz: "Eu me recordo e tenho uma impressão bem viva de suas palestras anteriores. Em que sentido essa é uma experiência incompleta?" Sem dúvida, trata-se de uma experiência incompleta se ela consiste apenas em uma impressão, uma lembrança. Se você compreende o que foi dito, se percebe a verdade disso, essa verdade não é memória. A verdade não é uma lembrança, pois a verdade é sempre nova, está em permanente transformação. Você tem uma lembrança da palestra anterior. Por quê? Porque você está usando a palestra anterior como guia, você não a compreendeu por completo. Você quer desvendá-la, mas consciente ou inconscientemente essa lembrança se mantém. Mas se você compreende algo por completo, ou seja, se enxerga toda a verdade de algo, descobre que não existe nenhum tipo de lembrança.

Nossa educação consiste em cultivar e em fortalecer a memória. Rituais e práticas religiosas, leituras e conhecimento são o fortalecimento da memória. O que queremos dizer com isso? Por que nos apegamos à memória? Não sei se você já percebeu que, à medida que envelhece, a pessoa olha para o passado, para suas alegrias, suas dores, seus prazeres; e se a pessoa é jovem, ela olha para o futuro. Por que fazemos isso? Por que se tornou tão importante a memória? Pela simples e óbvia razão de que não sabemos como viver total e exclusivamente no presente. Nós fazemos do presente um meio para o futuro, e, em conseqüência, o presente é de pouca significação. Não podemos viver o presente pois o usamos como ponte para o futuro. Como vou me tornar alguém ou alguma coisa, não há jamais a completa compreensão de mim mesmo — o que eu sou neste exato instante —, e para compreender a mim mesmo não é preciso cultivar a memória. Ao contrário, a memória é um obstáculo à compreensão do que é.

Não sei se você percebeu que um novo pensamento, um novo sentimento só aparece quando a mente não está presa no emaranhado da memória. Há um intervalo entre dois pensamentos, entre duas lembranças e, quando esse intervalo pode ser mantido, então desse intervalo surge um novo estado de ser que não é mais memória. Temos lembranças e cultivamos a memória como uma forma de continuidade. Ou seja, o "eu" e o "meu" tornam-se muito importantes enquanto existe o cultivo da memória; e como a maioria de nós é feita de "eu" e "meu", cultivamos a memória. Mas, se você observar, verá que existe um intervalo entre dois pensamentos, entre duas emoções. Nesse intervalo, que não é produto da memória, nos achamos, de forma extraordinária, livres do "eu" e do "meu", e o intervalo é intemporal.

Vamos encarar o problema de outro modo. Por certo a memória é tempo, não é mesmo? Ou seja, a memória cria o ontem, o hoje e o amanhã. As lembranças do ontem condicionam o hoje, e assim modelam o amanhã. Ou seja, através do presente, o passado cria o futuro. Há um processo temporal em ação, que é o desejo de vir a ser. A memória é tempo, e através do tempo esperamos conseguir certos resultados. Sou hoje um funcionário e, tendo tempo e oportunidade, irei me tornar gerente ou proprietário. Então, preciso de tempo. E é com a mesma mentalidade que dizemos: "Vou atingir a realidade, vou me aproximar de Deus." Portanto, preciso de tempo, o que significa que preciso cultivar a memória, fortalecê-la pela prática, pela disciplina, de modo a vir a ser alguém, para conseguir, para ganhar, e tudo isso significa continuidade no tempo. Assim, esperamos através do tempo alcançar o intemporal, esperamos através do tempo alcançar o eterno. Será isso possível? Podemos reter o eterno na rede do tempo, através da memória, que é do tempo?

O intemporal só pode surgir quando cessa a memória, que é o "eu" e o "meu". Se percebermos a verdade disto — que através do tempo o intemporal não pode ser compreendido ou recebido —, poderemos passar para a questão da memória. A memória das coisas técnicas é essencial; mas a memória psicológica que mantém a individualidade, o "eu", o "meu", a memória que produz identificação e a continuidade de si mesmo, essa memória é totalmente prejudicial para a vida e para a realidade. Quando a pessoa percebe a verdade disso, tudo o que é falso desaba; portanto, não há retenção psicológica da experiência de ontem.

Você vê um belíssimo pôr-do-sol, uma linda árvore no campo

e, ao olhar pela primeira vez, você aprecia a cena completa, na sua totalidade; mas em seguida você se volta para ela com o desejo de apreciá-la novamente. O que ocorre ao fazer isso? Não há mais o encantamento porque agora a lembrança do crepúsculo de ontem o faz se voltar, o impele, quer que você o desfrute. Ontem não havia memória, apenas a apreciação espontânea, a resposta imediata; mas hoje você quer recapturar a experiência de ontem. Ou seja, a memória agora se interpõe entre você e o pôr-do-sol; não existe, portanto, o desfrutar, a riqueza, a plenitude da beleza. Recapitulando, um amigo seu lhe disse algo ontem, dirigiu-lhe um insulto ou um cumprimento, e você guarda a lembrança disso; e com essa lembrança você encontra o amigo hoje. Na verdade, você não encontra o amigo — você carrega a lembrança de ontem, que intervém; e assim continuamos cercando-nos e cercando nossas ações de lembranças; em conseqüência disso, não há originalidade, não há novidade. E é por isso que a memória torna a vida monótona, aborrecida e vazia.

Vivemos em antagonismo uns com os outros porque o "eu" e o "meu" são fortalecidos pela memória. A memória surge por meio da ação no presente: nós lhe damos vida por meio do presente; mas quando não damos vida à memória, ela se desfaz. Portanto, a memória de fatos, de aspectos técnicos, é uma necessidade óbvia; mas a memória como retenção psicológica é prejudicial à compreensão da vida, à comunhão com o outro.

Q: O senhor disse que quando a mente consciente está em silêncio, o subconsciente se projeta. O subconsciente é uma entidade superior? Não será preciso que a pessoa coloque para fora tudo o que está escondido nos labirintos do subconsciente, de modo a descondicionar-se? Como fazer isso?

K: Eu fico me perguntando quantos de nós se dão conta da existência do subconsciente e de que existem diferentes níveis na nossa consciência... Acredito que a maioria se dá conta apenas da mente superficial, das atividades diárias, da consciência barulhenta e superficial. Não nos damos conta da profundidade, da significação e do sentido das camadas ocultas; e, vez por outra, por meio de um sonho, de um indício, de uma insinuação, a pessoa percebe que existem outros estados do ser. A maioria de nós vive ocupada, envolvida com a própria vida, com divertimentos, com desejos luxuriosos, com as vaidades, e não se dá conta de nada que não seja superficial. A maioria passa a vida em luta por posição, por conquistas ou pelo poder, seja ele político ou pessoal.

E o questionador pergunta: "Será o subconsciente uma entidade superior?" Este é o primeiro ponto. Haverá uma entidade superior fora do processo do pensamento? Por certo, na medida em que existe o processo do pensamento, embora ele possa dividir-se entre superior e inferior, não pode haver uma entidade superior, nenhuma entidade permanente além daquela que é transitória. Sendo assim, precisaremos examinar a questão com cuidado e compreender toda a significação da consciência. Como já mencionei, quando você tem um problema e ficou pensando nele até a mente se cansar sem ter conseguido uma resposta, ocorre com freqüência que, se formos dormir com esse problema na cabeça, a resposta surge ao amanhecer. Enquanto a mente consciente está em silêncio, as camadas ocultas da mente inconsciente continuam a trabalhar no problema e, ao despertar, a solução aparece. Isto significa que as camadas ocultas da mente não dormem enquanto você dorme, mas trabalham o tempo todo.

Embora a mente consciente esteja adormecida, o inconsciente, em suas diferentes camadas, debate-se com o problema e projeta-se com facilidade na consciência. A questão agora é: será esta uma entidade superior? Não, sem dúvida. O que você entende por *entidade superior*? Você quer dizer uma entidade espiritual, não é mesmo?, uma entidade que está além do tempo. Você está tomado por pensamentos, e uma entidade sobre a qual se pode pensar, sem dúvida não é uma entidade espiritual — é parte do pensamento; portanto, é filha do pensamento, pertence ainda ao domínio do pensamento. Chame-a como quiser, ela será, mesmo assim, produto do pensamento, produto do tempo, e não uma entidade espiritual.

A questão seguinte é: "Não será preciso que a pessoa coloque para fora tudo o que está escondido nos labirintos do subconsciente de modo a se descondicionar? Como fazer isso?" Como eu já disse, a consciência tem diferentes camadas. A primeira é a camada superficial, e logo abaixo dela está a memória, pois sem a memória não existe ação. Abaixo da memória está o desejo de ser, de vir a ser, o desejo de preenchimento. Se você se aprofundar ainda mais, encontrará um estado de completa negação, de incerteza, de vazio. Essa realidade total é a consciência. Porém, enquanto houver o desejo de ser, de vir a ser, de conquistar, de ganhar, camadas da consciência como o "eu" e o "meu" continuarão sendo fortalecidas; o esvaziamento dessas camadas só ocorrerá quando a pessoa compreender o processo de vir a ser. Ou seja, enquanto existir a vontade de ser, de vir a ser, de alcançar, a memória continuará sendo fortalecida, e da memória vem a ação, que condiciona ainda mais a mente. Espero que vocês estejam interessados em tudo isso. Se não estiverem, não tem importância; eu prosseguirei mesmo assim, pois alguns de vocês podem estar conscientes desse problema.

A vida não se resume a uma camada da consciência; não é apenas uma folha, um galho; a vida é um todo, um processo total. Antes de sermos capazes de compreender a beleza da vida, sua grandeza, suas dores, seus sofrimentos e suas alegrias, é preciso que compreendamos o processo por inteiro. E para esvaziar o subconsciente, o que implica compreender todo o estado de ser, da consciência, é indispensável saber do que ele se constitui; precisamos dar-nos conta das inúmeras formas de condicionamento que são as recordações de raça, família, grupos e assim por diante; são as diversas experiências incompletas. Agora, é possível analisar essas recordações, tomar cada resposta, cada lembrança e desenredá-la, examiná-la em profundidade e dissolvê-la; mas para isso seria necessário tempo, paciência e atenção infinitos. Por certo deve haver uma forma diferente de abordar o problema.

Para qualquer um que tenha pensado sobre isso, é conhecido o processo de pegar a resposta, analisá-la, segui-la e dissolvê-la, e fazer isso com cada resposta; e se a pessoa não analisar por completo a resposta, ou se ao analisá-la deixar de lado algum dos seus aspectos, então a pessoa volta e gasta longos dias nesse processo infrutífero. Deve haver um modo diferente de descondicionar todo o ser das recordações, de modo que a mente possa ser nova a cada momento. Como fazer isso? Você está compreendendo o problema? Trata-se do seguinte: nós nos acostumamos a enfrentar a vida com lembranças antigas, com tradições, velhos hábitos; nós enfrentamos o hoje com o ontem. Mas eu pergunto: pode alguém enfrentar o hoje, o presente, sem o pensamento do passado? Por certo trata-se de uma questão diferente, não é mesmo? Nós conhecemos o antigo método de ir, passo a passo, analisando cada resposta, dissolvendo-a através da prática, da disciplina e assim por diante. Vemos que esse método inclui o tempo; e, quando se usa o tempo como forma de descondicionamento, sem dúvida isso apenas fortalece o condicionamento. Se eu uso o tempo como um modo de me libertar, justamente quando faço isso eu estou me condicionando.

Então, o que devo fazer? Uma vez que se trata de uma questão diferente, devo abordá-la de uma nova maneira. Ou seja, pode alguém se libertar de imediato, no mesmo instante? Pode haver a regeneração sem o elemento do tempo, que não é senão a memória? Eu afirmo que a regeneração, a transformação são coisas que ocorrem agora, não amanhã, e que a transformação só acontece quando existe a completa libertação do ontem. E como libertar-se por completo do ontem? Quando eu faço essa pergunta, o que está se passando na sua mente? O que está ocorrendo na sua mente quando você percebe que ela precisa ser nova, que o seu ontem tem de desaparecer? Quando você percebe a verdade disto, qual é o estado de sua mente? Se você quer compreender a pintura moderna, certamente não deve abordá-la com o seu treinamento clássico. Se você percebe que isso é um fato, o que acontece com o seu treinamento clássico? Seu treinamento clássico está ausente quando há a intenção de compreender a pintura moderna — o desafio é novo, e você reconhece que não pode compreendê-lo por meio de um quadro de ontem. Quando você percebe a verdade disso, de que o ontem se foi, há um completo expurgo do ontem.

Você precisa compreender a verdade de que o ontem não pode traduzir o presente. Só a verdade descondiciona por completo, e para perceber a verdade do "que existe", é necessário uma atenção muito grande. Uma vez que não existe atenção completa enquanto houver distração, o que entendemos por distração? Existem diversos interesses dentre os quais você seleciona um e nele fixa a sua mente, e qualquer interesse que faz com que a sua mente se desvie desse interesse central chama-se distração. Bem, mas você pode escolher um interesse e concentrar-se só nele? Por que você escolhe um interesse e descarta os outros? Você escolhe um interesse porque é mais proveitoso; portanto, essa escolha está baseada no proveito, no desejo de ganhar; e no momento em que você tem um desejo de ganho, você precisa resistir a toda distração, a tudo aquilo que faz os seus pensamentos se desviarem do interesse central. Afora os apetites biológicos, você tem algum interesse central? Eu insisto em perguntar se você tem algum interesse central. Portanto, você não está distraído — você está vivendo num estado sem nenhum interesse.

Compreenderá a verdade aquele que dedicar a ela uma atenção não dividida, e a atenção não dividida só aparece quando não há escolhas e, portanto, não há nenhuma idéia de distração. Não existe distração, porque a vida é movimento, e a pessoa precisa compreender o movimento como um todo, e não dividi-lo em interesses ou distrações. É fundamental, pois, olhar tudo para descobrir a verdade ou a falsidade. Quando você vê a verdade disto, a consciência liberta-se do ontem. Você mesmo pode fazer esse teste. Para ver a verdade acerca do nacionalismo e não se deixar prender pelos argumentos pró e contra, você precisa examinar a questão e ficar aberto a todos os aspectos do problema. Ao tomar ciência do problema do nacionalismo sem condenações ou justificativas, e verificar sua falsidade, você terá adquirido a completa libertação de tudo isso. Assim, somente a percepção da verdade liberta; e para enxergar, para receber a verdade, é preciso focalizar a atenção, o que significa que você tem de fazer com que a sua mente e o seu coração se dediquem a ver e a compreender.

Rajghat, 23 de Janeiro de 1949

É bem provável que a maioria de vocês tenha algum tipo de professor, uma espécie de guru, um tipo de guia, seja no Himalaia ou ali na esquina. Mas para que precisam dele? Por certo vocês não precisam dele para fins materiais, a menos que ele lhes prometa um bom emprego para depois de amanhã. Então, é de presumir que vocês precisam deles para fins psicológicos. Mas por quê? A razão principal de você precisar dele, é óbvio, é porque você diz: "Estou confuso; não sei como viver neste mundo; tudo é contraditório. Há muita confusão, infortúnios, mortes, decadência, degradação, desintegração; eu preciso de alguém que me oriente e me diga como proceder." Não é para isso que vocês precisam de um guru? Não é por isso que procuram um guru? Você diz: "Estando confuso, preciso de um mestre que me ajude a esclarecer a confusão, ou melhor, me ajude a resolver isso." Sua necessidade é, pois, psicológica. Você não trata o primeiro-ministro como seu guru, porque ele lida apenas com a vida material da sociedade. Você pensa no primeiro-ministro quando se preocupa com suas necessidades físicas, ao passo que aqui você busca um mestre que trate de suas necessidades psicológicas.

Bem, mas o que quer dizer a palavra *necessidade*? Eu preciso da luz do sol, preciso de alimentos, de roupas e de abrigo; e, da mesma forma, será que preciso de um mestre? Para responder a essa questão preciso descobrir quem criou a terrível confusão que existe em torno de mim e em mim. Se sou o responsável por essa confusão, eu sou a única pessoa que pode esclarecê-la, o que significa que eu preciso compreendê-la por mim mesmo; mas em geral vocês procuram um mestre, de modo que ele possa deixá-los de fora da confusão, ou mostrar-lhes o caminho, dar-lhes as indicações de como agir a respeito disto. Ou você diz: "Descobri a verdade", e então você o procura para compartilhar essa verdade.

Será que a confusão pode ser esclarecida por outra pessoa, por maior que ela seja? Por certo a confusão existe nos nossos relacionamentos; portanto, precisamos compreender o nosso relacionamento com o outro, com a sociedade, com a propriedade, com as idéias, e assim por diante; e existirá alguém capaz de dar-nos a compreensão desses relacionamentos? Talvez alguém aponte, mostre, mas isso não basta; eu preciso compreender o meu relacionamento, saber onde estou.

Vocês estão interessados neste assunto? A minha dificuldade é que eu sinto que vocês não estão interessados, porque estão observando uma outra pessoa fazendo algo diferente. Quando você faz uma pergunta, será que você sente a importância de ouvir a resposta? A vida não é importante para você? Não é algo vital, criativo, que deve ser compreendido? Vocês ouvem para ver aprovada a busca de um guru, ou para dar mais força à convicção de que os gurus são essenciais. Mas dessa forma não encontraremos a verdade da questão. Vocês descobrirão a verdade da questão se procurarem no coração de vocês o porquê da necessidade de um guru.

Há vários aspectos nesta questão. Para muitos, a verdade é estática e, por conseguinte, um guru poderá levá-los a ela. Assim como uma pessoa pode indicar-lhe o caminho para a estação, você acredita que um guru pode indicar-lhe o caminho para a verdade. Isso significa que a verdade é estática; mas será mesmo estática? Vocês gostariam que fosse; pois o que é estático é gratificante: ao menos é possível saber do que se trata e a isso você pode se apegar.

Então, o que vocês estão mesmo buscando é satisfação. Você

quer segurança, quer a certeza que vem de um guru, quer que ele lhe diga: "Você está agindo bem, continue assim." Você quer que ele lhe dê bem-estar mental, uma palmadinha gentil nas costas. Ou seja, você procura um guru que, invariavelmente, satisfaça. Daí existirem tantos gurus! E tantos discípulos! O que implica dizer que na realidade você não está buscando a verdade: você quer uma satisfação, e a pessoa que lhe dá a maior satisfação você chama de guru. Essa satisfação pode ser neurológica, isto é, física, ou psicológica; e você acredita que a presença do guru o faz sentir uma grande paz, calma e a sensação de ser compreendido. Em outras palavras, você quer uma mãe ou um pai glorificado que o ajude a superar as dificuldades!

Você já teve a oportunidade de sentar-se em silêncio debaixo de uma árvore? Ali também você experimentará uma grande paz. Você sentirá também que está sendo compreendido! Em outras palavras, na presença de uma pessoa calma, você também fica calmo; e essa calma é atribuída ao mestre. Em seguida, você o enfeita com uma grinalda e expulsa o seu empregado. Então, quando você afirma que precisa de um guru, por certo há todas essas implicações, não é mesmo? E o guru, que lhe garante um meio de fuga, torna-se uma necessidade.

Então, a confusão existe apenas no relacionamento; e por que precisamos de alguém que nos ajude a compreender essa confusão? Vocês poderiam dizer agora: "O que *o senhor* está fazendo? Não está agindo como nosso guru?" É claro que não estou agindo como um guru, em primeiro lugar porque não estou lhes proporcionando nenhuma satisfação, não estou lhes dizendo o que devem fazer a cada momento ou a cada dia; estou apenas mostrando-lhes algo; vocês podem pegar ou largar. Depende de vocês, não de mim. Eu nada peço de vocês, nem adoração, nem elogios, nem insultos. Eu afirmo que isto é um fato; é pegar ou largar. Mas a maioria de vocês acabará largando pela razão óbvia de que não acharão satisfação nisto. Porém o homem que realmente quer, aquele cuja intenção de descobrir é séria, encontrará alimento suficiente no que está sendo dito, ou seja: que a confusão existe apenas no relacionamento; portanto, tratemos de compreender o que é o relacionamento.

Compreender o relacionamento significa estar consciente; não evitá-lo, mas perceber todo o conteúdo do relacionamento. A verdade não está longe, a verdade está perto; a verdade está debaixo de cada folha, em cada sorriso, em cada lágrima, nas palavras, sentimentos, pensamentos que a pessoa tem. Mas se acha de tal forma encoberta que é fundamental retirar-lhe os véus para poder enxergá-la. Fazer isso significa descobrir o que é falso; e no momento em que você souber o que é falso, quando tudo isso tiver sido afastado, a verdade estará ali.

Assim, a verdade é algo que vive a cada momento — para ser descoberta, e não para que se acredite nela, nem para ser citada ou colocada em fórmulas. Contudo, para enxergar esta verdade a mente e o coração precisam ser extremamente flexíveis e alertas. A grande infelicidade, porém, é que a maioria de nós não quer uma mente alerta, flexível e segura; queremos que nos façam adormecer com mantras e rituais. E há tantas maneiras pelas quais nos fazemos adormecer! Sem dúvida, necessitamos de certo ambiente, de certa atmosfera, de solidão — não a busca ou a recusa da solidão — mas de estar só, um tipo de estar, no qual a plena atenção pode ocorrer; e o estar só, a atenção completa, só acontece quando você está em dificuldade, quando os problemas são mesmo sérios. E se você tem um amigo, ou alguém que possa ajudá-lo, vá até ele; mas, por certo, ver nele um guru é bastante imaturo e infantil. É como pendurar-se na barra da saia da mãe.

Quando você está em dificuldade, o instinto o faz voltar-se para alguém — para a mãe, o pai, ou um pai glorificado, a quem você chama de mestre ou guru. Mas se o guru for digno desse nome, ele lhe dirá para que você compreenda a si mesmo na ação, e ação é relacionamento. Sem dúvida, você é mais importante do que o guru; você é mais importante do que eu; porque trata-se da sua vida, do seu infortúnio, da sua discórdia, da sua luta. O guru, ou eu, ou quem quer que seja, pode ser livre, *mas que valor tem isso para você*? Adorar o guru é prejudicial à sua compreensão de você mesmo. E há nisso um fator especial. Quanto mais respeito você demonstra ter por uma pessoa, menos respeito você demonstra ter pelos outros. Você saúda respeitosamente o guru e maltrata o seu subordinado. Portanto, o respeito tem pouca significação. Tudo isso são fatos. É provável que a maioria de vocês não goste do que foi dito aqui, pois a mente de vocês quer ser confortada, ela que já foi tão magoada. A mente está de tal forma tomada por dificuldades e infortúnios que diz: "Pelo amor de Deus, me dê alguma esperança, algum refúgio."

Só a mente que está desesperada pode encontrar a realidade. A mente completamente desencantada pode mergulhar na realidade; não a mente satisfeita, ou a mente respeitável, protegida por crenças.

Assim, você só prospera relacionando-se; você só prospera no amor e não na controvérsia. Mas nossos corações estão secos; nós os preenchemos com o que vem da mente, e assim vemos os outros buscando preencher a nossa mente com suas criações. Uma vez que não possuímos amor nenhum, tentamos descobri-lo no mestre ou em alguma outra pessoa. O amor é algo que não pode ser encontrado. Não é possível comprá-lo, você não pode imolar-se a ele. O amor só aparece quando a individualidade está ausente. Enquanto você busca satisfação, fugas, recusando-se a compreender a própria confusão no relacionamento, você estará simplesmente enfatizando a individualidade e, portanto, negando o amor.

Você está se deixando hipnotizar pela minha voz e pelas minhas palavras? Por certo tudo o que eu disse deve ser bastante perturbador, não é mesmo? Se não for perturbador, algo está errado. Porque está sendo atacada toda a estrutura do seu processo de pensamento, os caminhos do seu bem-estar, e essa perturbação deve ser fatigante. Sejamos bem claros acerca do que pretendemos fazer, vocês e eu. A maioria de vocês dirá: "Conheço tudo isso; Shankara, Buda, alguém já disse isso." Essa afirmação indica que, tendo lido bastante, superficialmente, você relega o que está sendo dito aos escaninhos da mente e, assim, o descarta. Trata-se de uma maneira conveniente de dispor daquilo que você ouviu, o que significa que você está ouvindo apenas no nível verbal, sem absorver todo o conteúdo, e isso cria perturbação.

A paz não pode ser alcançada sem uma grande dose de busca; e o que vocês e eu estamos fazendo é buscar na mente e no coração o que é verdadeiro e o que é falso. A busca demanda energia, vitalidade; fisicamente, deveria ser tão exaustiva quanto cavar um buraco! Mas, infelizmente, muitos estão acostumados a ouvir; muitos são apenas espectadores que apreciam e observam o que o outro faz; em conseqüência, não se cansam. Os espectadores jamais se cansam, o que demonstra que não estão participando do jogo! Você não é espectador e eu não sou um jogador.

Você não veio aqui para ouvir uma canção. O que vocês e eu pretendemos fazer é encontrar uma canção no nosso próprio coração, e não ouvir a de outra pessoa. Muitos habituaram-se a ouvir a canção de outra pessoa e, assim, seu coração está vazio, e permanecerá vazio porque essas pessoas preenchem o coração com a canção alheia. Esta não é a canção de vocês, pois nesse caso vocês seriam meros gramofones, mudando a música de acordo com o estado de humor; vocês não são os músicos. E, especialmente em tempos de grande trabalho e dificuldades, cada um de nós *precisa* ser um músico; precisamos recriar-nos com a canção, o que significa libertar, esvaziar o coração de tudo o que foi colocado ali pela mente. É fundamental, portanto, compreender as criações da mente e perceber a falsidade dessas criações. Então não preencheremos mais nossos corações com essas criações. Em seguida, quando o coração estiver vazio — e não repleto de cinzas — e a mente estiver silenciosa, haverá uma canção, uma canção que não pode ser destruída ou pervertida, porque não foi criada pela mente.

Rajahmundry, 20 de Novembro de 1949

Questionador: O senhor afirma que os gurus são desnecessários; mas como posso descobrir a verdade sem a sábia ajuda que apenas um guru pode fornecer?

Krishnamurti: A questão é saber se o guru é necessário ou não. Pode a verdade ser descoberta através de outro? Alguns dizem que sim, e outros afirmam que não. Queremos saber a verdade disto, e não minha opinião contra a opinião de outro. Não tenho opinião quanto a esta questão. Ou isto é assim ou não é. Saber se é indispensável ter ou não um guru não é questão de opinião, seja ela a mais profunda, erudita, popular ou universal. A verdade do assunto deve ser encontrada nos fatos.

Em primeiro lugar, para que queremos um guru? Afirmamos que precisaremos de um guru por estarmos confusos, e dizemos que o guru será útil. Ele apontará a verdade, ele nos ajudará a compreender, ele sabe mais acerca da vida do que nós, ele agirá como um pai, como um mestre, instruindo-nos na vida. Ele tem grande experiência e nós temos pouca; ele nos ajudará com essa experiência, e assim por diante. Ou seja, você basicamente procura um mestre porque está confuso. Se você fosse claro, nem chegaria perto de um. Sem dúvida, se estivesse bastante feliz, se não houvesse problemas, se compreendesse a vida por completo, você não iria a nenhum guru. Espero que percebam o significado disto.

Por estar confuso, você procura um mestre. Você vai até ele para que ele lhe indique um caminho na vida, para esclarecer a sua confusão, para descobrir a verdade. Você escolhe o guru porque está confuso, e espera que ele lhe dê aquilo que você pede. Ou seja, você escolhe alguém que irá satisfazer a sua demanda; você escolhe segundo a satisfação que ele irá lhe proporcionar, e essa escolha depende da sua satisfação. Você não escolhe um guru que pense que a pessoa deve depender de si mesma. Você o escolhe de acordo com seus preconceitos. Sendo assim, já que escolhe o seu guru de acordo com a satisfação que ele lhe dá, você não está em busca da verdade, mas sim de uma forma de fugir da confusão; e a forma de fugir da confusão é erroneamente chamada de verdade.

Vamos, de início, examinar a idéia segundo a qual um guru é capaz de esclarecer a nossa confusão. Pode alguém esclarecer a nossa confusão, que é produto das nossas respostas? Nós a criamos. Você acredita que o infortúnio, a batalha em todos os níveis da existência, dentro e fora, foi criada por alguém? Ela é o resultado da nossa falta de conhecimento em relação a nós mesmos. Procuramos um guru que acreditamos que irá nos ajudar a nos libertar desta confusão porque não conhecemos a nós mesmos, nossos conflitos, nossas reações, nossos infortúnios. Só podemos compreender-nos em relação ao presente; e *o relacionamento é, ele mesmo, o guru*, e não alguém de fora. Se eu não compreendo o relacionamento, o que quer que um guru venha a dizer será inútil porque, se eu não compreendo o meu relacionamento com a propriedade, com as pessoas, com as idéias, quem poderá solucionar o conflito que existe dentro de mim? Para solucionar esse conflito, preciso compreendê-lo eu mesmo, e isso significa que preciso ter consciência de mim mesmo no relacionamento. Para ter essa consciência, não é preciso um guru. Se eu não conheço a mim mesmo, de que serve um guru? Um líder político é escolhido por aqueles que estão confusos e cuja escolha, por conseguinte, também é confusa; assim também eu escolho um guru. Só posso escolhê-lo segundo a minha confusão. Logo, ele, como o líder político, está confuso.

Conseqüentemente, o importante não é quem está certo — se eu estou certo, ou aqueles que afirmam que um guru é necessário —, mas sim descobrir a razão da necessidade de um guru. Os gurus existem para explorações de diversos tipos, mas isso é irrelevante. Você obtém satisfação se alguém lhe diz que você está progredindo. Mas descobrir a razão da necessidade que você tem de um guru — eis aí a chave. Outra pessoa pode mostrar o caminho; mas você precisa realizar todo o trabalho, mesmo tendo um guru. Como você não quer enfrentar isso, você transfere a responsabilidade para o guru. O guru torna-se inútil quando existe um pouco de autoconhecimento. Nenhum guru, nenhum livro ou escritura pode lhe dar autoconhecimento: ele surge quando você tem consciência de você mesmo no relacionamento. Existir é estar em relação. Não entender o relacionamento é infortúnio e luta.

Não se dar conta do seu relacionamento com a propriedade é uma das causas da confusão. Se você não conhece o seu relacionamento adequado com a propriedade, por certo surgirá o conflito, e aumentam os conflitos na sociedade. Se você não compreende o relacionamento que existe entre você e a sua mulher, entre você e seus filhos, como poderá alguém resolver o conflito que brota desse relacionamento? Algo semelhante ocorre com as idéias, as crenças e assim por diante. Confuso no relacionamento com as pessoas, a propriedade e as idéias, você busca um guru. Se ele for um verdadeiro guru, ele lhe dirá para compreender a si mesmo. Você é a fonte de toda essa confusão e desencontro; e somente solucionará o conflito quando compreender a si mesmo no relacionamento.

É impossível descobrir a verdade por intermédio do outro. Como isso seria possível? Por certo a verdade não é algo estático; ela não tem domicílio fixo; ela não é um fim, a meta. Ao contrário, é algo vivo, dinâmico, alerta, atuante. Como poderia ser um fim?

Se a verdade for um ponto fixo, não será mais a verdade; será uma mera opinião. A verdade é o desconhecido, e a mente que busca a verdade jamais a encontrará. Pois a mente é formada pelo conhecido; ela é o resultado do passado, um produto do tempo — e você pode observar isso por si mesmo.

A mente é um instrumento do conhecido; logo ela não pode descobrir o desconhecido; ela só pode passar do conhecido para o conhecido. Quando a mente busca a verdade, a verdade dos livros, essa "verdade" é autoprojetada, pois nesse caso a mente está apenas perseguindo o conhecido, um conhecido mais satisfatório que o anterior. Quando a mente busca a verdade, ela está buscando a própria autoprojeção, não a verdade. Afinal de contas, um ideal é autoprojetado, é fictício, irreal. O que é real é "o que é", e não o oposto. Mas a mente que busca a realidade, que está em busca de Deus, está buscando o conhecido. Quando você pensa em Deus, Deus é a projeção do seu pensamento, o resultado de influências sociais. Você só pode pensar acerca do conhecido; você não pode pensar sobre o desconhecido, não pode se concentrar na verdade. A partir do momento em que você pensa sobre o desconhecido, ele é apenas o conhecido autoprojetado. Sendo assim, é impossível pensar acerca de Deus ou da verdade. Se você pensa sobre isso, não se trata da verdade. A verdade não pode ser buscada; ela vem a você. Você só pode ir em busca do que é conhecido. A verdade só pode mostrar-se quando a mente não é torturada pelo conhecido, pelos efeitos do conhecido. A verdade está em cada folha, em cada lágrima, e precisa ser conhecida a cada novo momento. Ninguém pode levá-lo até a verdade; e, se alguém o leva, só pode ser ao conhecido.

Bombaim, 12 de Março de 1950

Questionador: A questão quanto ao que é a verdade é bem antiga, e não existe uma resposta definitiva. Você fala sobre a verdade, mas não o vemos atingi-la em seus experimentos ou tentativas, como vimos na vida de pessoas como Mahatma Gandhi e a dra. Besant. Tudo o que vemos é a sua agradável personalidade. O senhor pode explicar-nos por que há essa diferença entre a sua vida e a de outros que buscaram a verdade? Haverá duas verdades?

Krishnamurti: Você quer uma prova? E por qual padrão a verdade será julgada? Há aqueles que afirmam que para alcançar a verdade são necessários esforços e experimentos; mas será possível atingir a verdade dessa forma, por tentativa e erro? Há aqueles que lutam e fazem esforços enormes, em batalhas espetaculares, seja em público ou em silêncio; eles encontrarão a verdade? Será a verdade algo que se pode descobrir por meio de tentativas? Haverá um caminho para a verdade, o seu caminho e o meu caminho, o caminho daquele que faz uma tentativa, e o caminho daquele que não faz? Haverá duas verdades, ou terá a verdade diversos aspectos?

Bem, este é o problema colocado. Você diz: "Certas pessoas — duas, algumas ou milhares — fizeram tentativas, lutaram, buscaram a verdade, ao passo que você não faz tentativas, você leva uma vida agradável, despretensiosa." Então, você quer comparar, ou seja, você tem um padrão, tem uma imagem dos líderes que lutaram para alcançar a verdade, e quando aparece outra pessoa que não se encaixa nesse modelo você fica contrariado e pergunta: "Qual é a verdade?" Você está contrariado — o importante é isso, e não se eu tenho a verdade ou se outra pessoa a tem. O importante é descobrir se você pode encontrar a realidade por meio de esforços, vontade, luta, brigas. Será que isso traz compreensão? Por certo a verdade não é algo distante, mas está presente nos detalhes da vida diária, em cada palavra, em cada sorriso, em cada relacionamento; acontece que nós não sabemos vê-la; e o homem que tenta, que luta com bravura, que se disciplina e controla — será que este enxergará a verdade? A mente que é disciplinada, controlada, comprimida pelo empenho — será que essa mente verá a verdade? É óbvio que não.

Apenas a mente silenciosa enxergará a verdade, e não a mente que faz esforços para vê-la. Se você estiver empenhando-se para ouvir o que eu estou dizendo, você vai ouvir? Você compreenderá apenas quando estiver quieto, quando estiver mesmo em silêncio. Se observar com cuidado, se ouvir com calma, então você escutará; mas se você se esforça e luta para captar tudo o que é dito, sua energia se dissipará nesse esforço. Então você não encontrará a verdade por meio de um empenho, não importa quem afirme isso, sejam os livros antigos, os santos antigos ou os modernos. O empenho é a própria negação da compreensão; apenas a mente silenciosa, simples, a mente que está imóvel, não sobrecarregada pelo próprio esforço — apenas uma mente como essa compreenderá, enxergará a verdade. A verdade não é algo que está a distância; não existe um caminho para chegar a ela, não existe o seu caminho ou o meu caminho; não existe o caminho da devoção, o caminho do conhecimento ou o da ação, porque não há caminhos que levem à verdade. A partir do momento em que você tem o caminho que leva à verdade, você a divide, porque o caminho é exclusivo; e tudo o que no início é exclusivo terminará em exclusividade. O homem que segue um caminho não conhecerá jamais a verdade porque está vivendo em exclusividade; seus meios são exclusivos, e os meios são o fim, não são separados do fim. Se os meios forem exclusivos, o fim também será exclusivo.

Assim, não existe caminho para a verdade, e não há duas verdades. A verdade não é do passado ou do presente, ela é intemporal; o homem que cita a verdade de Buda, de Shankara, de Cristo, ou o que se limita a repetir o que eu estou dizendo, não encontrará a verdade, pois repetição não é verdade. Repetição é mentira. A verdade é um estado da mente que brota quando não existe mais a mente que divide, que procura ser exclusiva, que só pensa em termos de resultados e conquistas. Só então existirá a verdade. A mente que vive fazendo esforços, disciplinando-se de modo a atingir determinado fim não pode conhecer a verdade, pois o fim é a sua própria projeção, e a busca dessa projeção, por mais nobre que seja, não passa de uma forma de auto-adoração. Um ser assim está adorando a si mesmo, e portanto não pode conhecer a verdade.

A verdade só é conhecida quando compreendemos todo o processo da mente, ou seja, quando não há luta. A verdade é um fato, e um fato só pode ser compreendido quando tiver sido removido tudo aquilo que foi colocado entre a mente e o fato. O fato é o seu relacionamento com a propriedade, com a sua mulher, com os seres humanos, com a natureza, com as idéias; e enquanto você não compreender o fato do relacionamento, sua busca de Deus só fará aumentar a confusão, pois é uma substituição, uma fuga, e portanto não tem significado. Enquanto você dominar sua mulher ou ela o dominar, enquanto você possuir ou for possuído, você não pode conhecer o amor; enquanto você suprimir, substituir, enquanto você for ambicioso, você não poderá conhecer a verdade. Não é a negação da ambição que torna a mente calma, e a virtude não é a negação do mal. A virtude é um estado de liberdade, de ordem, que o mal não pode fornecer; e compreender o mal é estabelecer a virtude.

O homem que constrói igrejas ou templos em nome de Deus, com dinheiro acumulado por meio de exploração, por meio de logro, esperteza ou jogo sujo, não conhecerá a verdade; ele pode ter a língua suave, mas sua língua é amarga pelo sabor da exploração, pelo sabor da dor. Só conhecerá a verdade aquele que não estiver buscando, lutando ou tentando atingir um resultado. A própria mente é um resultado, e o que quer que ela produza será também um resultado. Mas o homem que se satisfaz com "o que é" conhecerá a verdade. Contentamento não significa satisfazer-se com o *status quo*, mantendo tudo como está — isso não é contentamento. É na possibilidade de enxergar verdadeiramente um fato e permanecer livre dele que existe contentamento, que é virtude. A verdade não é contínua, não tem residência fixa; ela só pode ser vista a cada momento. A verdade é sempre nova e, portanto, intemporal. O que era verdade ontem não é verdade hoje; o que é verdade hoje não o será amanhã. A verdade não tem continuidade. A mente, entretanto, quer realizar a experiência que ela chama de verdade contínua, e uma mente assim não conhecerá a verdade. A verdade é sempre nova; é enxergar o mesmo sorriso e ver o sorriso como novo, ver a mesma pessoa e vê-la de forma nova, ver as árvores balançando como se fosse a primeira vez, ver a vida como nova.

A verdade não será encontrada nos livros nem por meio de devoção ou auto-imolação; ela será conhecida quando a mente estiver livre e quieta. E a liberdade, a quietude da mente, só acontece quando os fatos dos relacionamentos são compreendidos. Sem compreender os relacionamentos, o que quer que a mente faça servirá apenas para criar novos problemas. Mas, para a mente livre de todas as suas projeções, há um estado de quietude no qual cessam os problemas e surge apenas o intemporal e eterno. A verdade não é pois questão de conhecimento; não é algo a ser lembrado, nem algo a ser repetido, impresso e espalhado por aí. A verdade é o que é. Ela é inominável e, sendo assim, a mente não consegue abordá-la.

Londres, 23 de Abril de 1952

Krishnamurti: Para a maioria de nós, a vida é toda ela baseada no esforço, em algum tipo de vontade. Somos incapazes de conceber uma ação que não se baseie nisso. A vida social, econômica, e a assim chamada vida espiritual não passam de uma série de tentativas, sempre culminando em determinado resultado. Nós acreditamos que o esforço é essencial. Iremos agora descobrir se é possível viver de forma diferente, sem essa batalha constante.

Por que fazemos tentativas? Explicando de uma maneira simples: fazemos isso para alcançar um resultado, atingir a meta, não é mesmo? Sem as tentativas, nós achamos que iremos estagnar. Fazemos uma idéia da meta cuja busca torna-se a nossa luta incessante; e a luta agora é parte da nossa vida. Quando queremos fazer alguma alteração ou promover uma mudança radical em nós mesmos, fazemos esforços tremendos para eliminar antigos hábitos, para resistir às habituais influências do ambiente e assim por diante. Ou seja, acostumamo-nos a essa série de esforços visando atingir ou conseguir algo, visando viver.

Bem, eu pergunto: não é todo este empenho uma atividade da individualidade? Não é o empenho uma atividade que gira em torno de nós mesmos? Se fazemos um esforço partindo do núcleo da nossa personalidade, ele por certo provocará mais conflito, confusão e infortúnio. Ainda assim continuamos a fazer tentativa após tentativa; e poucos de nós percebem que a atividade que gira em torno de nós mesmos, ou esse empenho, não soluciona nenhum de nossos problemas. Ao contrário, só faz aumentar a nossa confusão, nossos infortúnios e dores. Ou sabemos disto, e ainda assim continuamos com a esperança de romper de alguma forma essas tentativas ou atividades, que constituem a ação da vontade.

Este é o nosso problema: Será possível qualquer compreensão sem empenho? Será possível enxergar o que é real, o que é verdade, sem introduzir a ação da vontade, ação esta essencialmente baseada na individualidade, no "eu"? Além disso, sem empenho não haverá o perigo da deterioração, do adormecimento ou da estagnação? Talvez, como eu estou dizendo, sejamos capazes de experimentar isso em termos individuais, e de verificar até onde é possível avançar nessa questão. Pois eu sinto que a felicidade, a paz, a tranqüilidade da mente não são produzidas ou surgem por causa de qualquer empenho. A verdade não é percebida por meio da vontade, ou da ação da vontade. E, se pudermos mergulhar nisto com bastante cuidado e diligência, talvez encontremos a resposta.

Como reagimos quando a verdade nos é apresentada? Tomemos, por exemplo, a questão do medo. Verificamos que a nossa atividade e nosso ser, bem como toda a nossa existência, passariam por alterações fundamentais se não houvesse em nós medo de qualquer espécie. É fácil perceber isso, podemos perceber a verdade que há nisso; e, fazendo isso ficamos livres do medo. Mas, para a maioria de nós, quando um fato, a verdade é colocada na nossa frente, qual é a nossa resposta imediata? Por favor, façam uma experiência com o que eu estou afirmando; não se limitem a ouvir. Observem suas próprias reações, e descubram o que sucede quando a verdade, um fato, é colocada à frente de vocês — tal como a afirmação de que "qualquer dependência no relacionamento destrói o relacionamento". Quando você ouve uma afirmação como esta, qual é a sua reação? Será que você enxerga ou toma consciência da verdade disso, e assim cessa a dependência? Ou você formula uma idéia acerca do fato? Aqui está uma afirmação da verdade. Será que sentimos a verdade disso ou criamos uma idéia acerca disso?

Se compreendermos o processo da criação da idéia, talvez venhamos a compreender todo o processo do esforço. Porque, uma vez tendo criado a idéia, então passa a existir o empenho. E surge o problema: o que fazer? Como agir? Ou seja, percebemos que a dependência psicológica em relação a outra pessoa é uma forma de auto-satisfação; não é amor; nela há conflito, medo, desejo de se satisfazer por meio do outro, ciúme, e assim por diante. E tudo isso corrói. Nós percebemos que depender psicologicamente de outra pessoa engloba todos esses fatos. Então, partimos para a criação de uma idéia, não é mesmo? Não vivenciamos o fato direto, a verdade que há nele; mas olhamos para ele e em seguida criamos a idéia de como nos livrar dessa dependência. Percebemos as implicações da dependência psicológica e em seguida formulamos as idéias de como nos livrar disso. Não percebemos a verdade imediata, o que seria o fator libertador. Mas, a partir da experiência de olhar o fato, criamos uma idéia. Somos incapazes de um olhar direto, sem idealização. Em seguida, tendo formulado a idéia, prosseguimos e a colocamos em ação. E depois buscamos superar o hiato existente entre a idéia e a ação — e aí está o esforço.

Portanto, será que não podemos olhar a verdade sem criar idéias? É quase instintivo, na maioria de nós: quando algo verdadeiro é colocado na nossa frente, criamos de imediato uma idéia acerca dele. E acredito que, se compreendermos a razão de fazermos isso tão instintivamente, quase de modo inconsciente, talvez possamos compreender como é possível libertar-nos do esforço.

Por que então criamos idéias acerca da verdade? Por certo é importante descobrir isso, não é? Ou enxergamos a verdade nua e crua, tal como ela é, ou não o fazemos. Mas qual o motivo de termos dela uma imagem, um símbolo, uma representação, necessitando sempre de adiamento e da esperança de um resultado eventual? Será que podemos então, hesitantes e na defensiva, avançar neste processo de por que a mente cria a imagem, a idéia — de que preciso ser isto ou aquilo, de que preciso me libertar da dependência e assim por diante? Como sabemos muito bem, se enxergarmos algo com clareza e o vivenciarmos de imediato, nos libertaremos dele. Esta vivência imediata é vital, e não a figura ou o símbolo da verdade — nos quais todos os sistemas, filosofias e organizações decadentes se fundamentam. Portanto, pergunto: o importante não será descobrir por que a mente, em vez de enxergar o fato imediato e simples, e perceber a verdade imediata, cria idéias acerca dele?

Não sei se já pensaram sobre isso. Talvez se trate de algo novo. E para descobrir a verdade disso, por favor, não se limitem a resistir. Não afirmem apenas: "O que aconteceria se a mente não criasse uma idéia? É função da mente criar idéias, verbalizar, buscar as recordações, reconhecer, calcular." Sabemos disso. Mas a mente não é livre; e só haverá liberdade quando a mente for capaz de olhar para a totalidade da verdade, por completo, sem nenhuma barreira.

Nosso problema então é: por que a mente, em vez de olhar para o fato imediato e compreendê-lo no mesmo instante, perde-se nas idéias? Será este um dos hábitos da mente? Algo nos é apresentado, e de imediato surge o velho hábito de criar uma idéia e desenvolver teorias a respeito. E a mente adora viver no que é habitual. Porque sem o que é habitual a mente fica perdida. Se não houver rotinas, a resposta habitual com a qual a mente está acostumada, ela se sente confusa, insegura.

Este é um aspecto. Além disso, a mente busca um resultado, não é mesmo? Porque no resultado existe permanência. E a mente odeia a incerteza. Ela vive em busca de segurança sob diversas formas — por meio de crenças, de conhecimento, de experiência. E quando isso é questionado, surge a perturbação, a ansiedade. Assim, a mente, evitando a incerteza, busca segurança fazendo esforços na busca de um resultado.

Eu espero que cada um de vocês observe a própria mente em ação. Pois, caso contrário, não aprenderão, a mente permanecerá no nível verbal. Mas — se posso sugerir — se você observar sua mente em operação, e prestar atenção em como ela pensa, a forma como ela reage diante de uma verdade, então você vivenciará passo a passo tudo aquilo de que estou falando. E ocorrerá uma experiência extraordinária. A abordagem direta, a experiência do que é a verdade é essencial para produzir uma vida criativa.

Sendo assim, por que, em vez de uma experiência direta, a mente cria essas idéias? Por que a mente intervém? Como já dissemos, trata-se de um hábito. E, além disso, a mente quer conseguir um resultado. Todos nós queremos conseguir um resultado. Ao me escutar, você não está esperando um resultado? Está, não é mesmo? A mente vive em busca de resultados; ela percebe que a dependência é destrutiva e, portanto, deseja libertar-se disso. Mas o próprio desejo de libertação cria a idéia. A mente não é livre; mas o desejo de ser livre cria a idéia de liberdade como a meta em direção à qual ela deve trabalhar. E assim surge o empenho. E o empenho gira em torno de si mesmo, ele não produz liberdade. Em vez de depender de uma pessoa, você passa a depender de uma idéia ou de uma imagem. Portanto, esse empenho o enclausura, ele não o liberta.

Bem, mas a mente não pode libertar-se do hábito a que está presa? — não me refiro a uma idéia segundo a qual ela deve ter a liberdade como meta a ser atingida, mas sim percebe que na verdade ela está presa ao hábito e à experimentação direta disso. E, da mesma forma, a mente pode perceber que está perseguindo sem cessar uma permanência por si mesma, a meta que ela deve alcançar, um Deus, a verdade, a virtude, um estado de ser ou o que quer que seja, e está, em conseqüência disso, gerando o ato da vontade, com todas as suas complicações? E, quando percebemos isso, não será possível sentir a verdade *direta* de algo, sem toda a parafernália da verbalização? Você pode enxergar um fato de forma objetiva, no sentido de que não há idealização, nenhuma criação de idéia, símbolo, desejo. Mas, em termos subjetivos, interiores, é bem diferente, pois nós queremos um resultado; existe em nós a enorme vontade de ser algo, de conquistar, de vir a ser — e é disso que nasce todo o empenho.

Eu sinto que enxergar o que é a verdade a cada momento, sem nenhum esforço conhecendo-a mas sem intermediários, é a única existência criativa. Pois você só descobre algo em momentos de completa tranqüilidade — não fazendo um esforço, seja com o uso de um microscópio ou interiormente. Apenas a mente não-agitada, que não está presa a um hábito, que não tenta atingir um resultado, que não tenta vir a ser algo — somente quando não está fazendo nada disso, quando está tranqüila, quando não existe nenhum esforço, quando não existe movimento — só nessas condições existe a possibilidade de se descobrir algo novo.

Por certo isso é estar livre de si mesmo, isso é a abnegação do "eu" — e não os símbolos externos, ou o fato de você possuir ou não determinada virtude. A liberdade só aparece quando você compreende o seu próprio processo, consciente ou inconsciente. Isso só é possível se penetrarmos bem fundo nos diferentes processos da mente. E como a maioria de nós vive em estado de tensão, num esforço contínuo, é essencial compreender a complexidade desse esforço, perceber a verdade do fato de que o esforço não produz virtude, de que o esforço não é amor, não traz a liberdade que só a verdade pode promover — que é a experiência imediata. Assim sendo, é indispensável compreender a mente, a sua mente — não a mente de uma outra pessoa, não o que alguém tem a dizer. Você pode ler todos os livros já escritos, mas eles serão de absoluta inutilidade. Pois você precisa observar a própria mente, penetrar nela mais e mais fundo e vivenciar tudo no mesmo instante à medida que prossegue. Pois *ali* está a qualidade viva, e não nas coisas da mente. E a mente, para os próprios processos, não pode estar enclausurada pelos próprios hábitos, deve estar livre para olhar à vontade. Portanto, é importante compreender todo o processo do esforço. O esforço não traz liberdade; ele significa apenas mais enclausuramento, ele é sempre pernicioso, externa e internamente, no relacionamento com uma ou mais pessoas.

Questionador: Já percebi que um grupo que se reúne com regularidade para discutir seus ensinamentos tende a se tornar confuso e enfadonho. Será melhor pensar sobre tudo isso a sós ou na companhia de outros?

K: O que é importante? Não é encontrar, descobrir por conta própria tudo acerca de você mesmo? Se esta for a sua necessidade urgente, imediata e instintiva, então você pode fazer isso na companhia de um ou de muitos, por você mesmo ou com dois ou três. Mas quando falta isso, os grupos tornam-se enfadonhos. Então as pessoas que participam deles são dominadas por um ou dois membros que sabem tudo, que estão em contato direto com a pessoa que já disse tudo isso. Eles se tornam então a autoridade, e gradualmente exploram os demais. Este jogo é bem conhecido. Mas as pessoas se submetem a ele porque gostam de estar juntas. Gostam de falar, de ouvir os últimos mexericos ou as últimas novidades. E assim há logo uma deterioração. Você começa com uma intenção séria e isso logo torna-se algo ameaçador.

Mas se nós, com insistência, sentirmos mesmo a necessidade de descobrir por conta própria o que é verdade, então todos os relacionamentos são importantes. Mas essas pessoas são raras. Porque na realidade não somos sérios e logo transformamos os grupos e organizações em algo que deve ser evitado. Isso depende, sem dúvida, de até onde vai a sua avidez em descobrir tudo por si mesmo. E a descoberta pode ocorrer em qualquer situação — não apenas num grupo, ou quando você está a sós, mas sempre que você se mostrar consciente e sensível aos chamados do seu próprio ser. Observar a si mesmo — sua forma de falar à mesa, sua forma de falar com o vizinho, com o subordinado, com o patrão — por certo tudo isso, se a pessoa está consciente, indica o estado do seu ser. Esta é a descoberta importante, pois é ela que liberta.

Q: Qual a forma mais criativa de enfrentar um grande pesar ou perda?

K: O que você entende por *enfrentar*? Será que para nós isso significa a forma de abordar a situação, o que devemos fazer a respeito, como conquistá-la, como ficar livre dela, como tirar proveito dela, como usá-la para aprender a evitar novos sofrimentos? Por certo este é nosso modo de entender *enfrentar* o pesar.

Mas, para nós o que é o *pesar*? Será algo apartado de nós? Será algo que está fora de nós, interna ou externamente, que observamos, que experimentamos? Será que somos meros observadores do fato que causa a dor? Ou será o pesar algo diferente? Com certeza, este é um ponto importante. Quando digo "Eu sofro", o que quero dizer com isso? Serei diferente do sofrimento? Sem dúvida esta é a questão. Vamos descobrir.

Existe a dor — eu não sou amado ou o meu filho morreu. Parte de mim exige explicação, as razões, as causas. Outra parte de mim está em agonia por diversos motivos. E há ainda uma outra parte que quer livrar-se da dor, superá-la. Temos estas três partes, não é mesmo? Sendo assim, se parte de mim rejeita e resiste à dor, se outra parte procura explicações, presa a teorias, e outra parte tenta escapar do fato, como então compreender por completo o fato? Só haverá a possibilidade de me libertar da dor quando eu for capaz de uma compreensão integrada. Mas, se eu fico dividido entre várias direções, eu não enxergo a verdade.

Portanto, é importante descobrir se eu sou um mero observador que sente a dor. Se eu sou um mero observador que sente a dor, então há dois estados no meu ser — um que observa, que pensa, que sente, e outro que é observado, que é a experiência, o pensamento. Enquanto houver essa separação não haverá uma libertação imediata do sofrimento.

Bem, se ouvirem com cuidado, vocês perceberão que quando ocorre um fato, a verdade, só haverá a compreensão dele quando for possível sentir tudo sem divisão — e não quando há a separação do "eu" que observa o sofrimento. Esta é a verdade. Bem, mas qual é a sua reação imediata a isso? Será: "Como posso estabelecer ligação entre as duas coisas?" Eu reconheço em mim a existência de várias entidades — o pensador e o pensamento, o que experimenta e a experiência, o que sofre e o que observa o sofrimento. Enquanto houver divisão, separação, haverá conflito. Só quando existe integração é que ocorre a libertação da dor. Esta é a verdade, este é o fato. Bem, mas como você responde? Será que você enxerga o fato diretamente e o vivencia de imediato, ou será que faz a pergunta: "Como farei para estabelecer a união entre as duas entidades? Como farei para produzir a integração?" Não é essa a sua resposta automática? Se for, você não está percebendo a verdade. A questão quanto a como produzir a integração não tem valor algum. Pois somente quando posso ver o fato por completo, na sua totalidade, sem a divisão em mim mesmo, é que pode haver a possibilidade de me livrar daquilo a que dou o nome de sofrimento.

É fundamental, portanto, descobrir um modo de encarar a dor. Não o que dizem os livros ou qualquer outra pessoa; não segundo qualquer mestre ou autoridade, mas como você a encara, a forma como você instintivamente a aborda. Então, sem dúvida, você descobrirá se existe mesmo na sua mente uma divisão. Enquanto persistir essa divisão haverá dor. Enquanto existir o desejo de se livrar da dor, de resistir à dor, de buscar explicações, de evitar, a dor será uma sombra a perseguir-nos incessantemente.

Sendo assim, o que há de importante nesta questão é a forma como cada um de nós reage à dor psicológica — quando estamos consternados, magoados, e assim por diante. Não precisamos aqui abordar as causas da dor. Mas nós as conhecemos bem — a dor da solidão, o medo de perder, de não ser amado, de ser frustrado, a perda de alguém. Estamos bastante familiarizados com o fenômeno chamado sofrimento. E temos diversas explicações convenientes e satisfatórias. Mas as explicações não nos libertam da dor. Elas podem recobri-la, mas o fato continua. E pretendemos descobrir a forma de libertar-nos da dor, e não as explicações mais satisfatórias. Essa liberdade só pode existir quando existe integração. E não podemos compreender o que é integração a menos que de início nos tornemos conscientes do nosso modo de olhar a dor.

Q: Para a pessoa presa ao hábito, parece impossível enxergar a verdade imediata de um fato. Sem dúvida, há necessidade de tempo — para a pessoa interromper sua atividade atual e mergulhar no que está acontecendo, não é verdade?

K: Mas o que entendemos por *tempo*? Por favor, vamos tentar de novo. Sem dúvida, não o tempo do relógio. Quando você diz: "Preciso de tempo", a que está se referindo? Que você precisa de ociosidade — uma hora para si mesmo, ou alguns poucos minutos? Por certo não é disso que você está falando. O que você quer dizer é: "Preciso de tempo para conseguir um resultado." Ou seja: "Preciso de tempo para quebrar os hábitos que desenvolvi."

Bem, o tempo, é óbvio, é um produto da mente; a mente é o resultado do tempo. Tudo aquilo que pensamos, sentimos, nossas lembranças, são basicamente o resultado do tempo. E você afirma que o tempo é indispensável para acabar com certos hábitos. Ou seja: o hábito psicológico interior é o resultado do desejo e do medo, não é mesmo? Eu vejo que a mente está presa a ele, e digo: "Preciso de tempo para acabar com isso. Verifico que o hábito é que está me impedindo de enxergar tudo de imediato, de vivenciar no mesmo instante, e então preciso dispor de tempo para romper esse hábito."

Em primeiro lugar, como se formou o hábito? Por meio da educação, das influências do ambiente, de nossas lembranças. Além disso, é muito cômodo possuir um mecanismo que funcione habitualmente, de maneira que nunca haja incertezas, hesitações, questionamentos, dúvidas e ansiedades. Portanto, a mente cria o padrão que denominamos hábito, rotina. E funciona neles. E o questionador quer saber a forma de acabar com o hábito, de maneira que a experiência possa ser direta. Você percebe o que aconteceu?

No momento em que digo: "Como?", já introduzo a idéia do tempo. Mas se pudermos constatar que a maioria de nós cria hábitos, e age de acordo com esses hábitos, e que a mente fechada em si mesma pelas lembranças, desejos e medos que ela própria cria não pode enxergar ou sentir nada no mesmo instante — quando pudermos perceber a verdade disso, então haverá a possibilidade de uma experimentação direta. A percepção da verdade, obviamente, não é uma questão de tempo. Esta é uma das conveniências da mente — ou seja, um dia, talvez na próxima vida, eu alcançarei a perfeição, ou seja lá o que eu queira alcançar. Estando assim enredada, a mente trata de dizer: Como farei para *me libertar*? Ela não pode jamais se libertar. Ela só pode *se libertar* quando perceber a verdade de como cria hábitos pela tradição, por cultivar virtudes visando ser algo, buscando permanência e segurança. Tudo isso são barreiras. Nesse estado, como pode a mente enxergar ou sentir algo no mesmo instante? Se compreendermos essa sua incapacidade, então haverá a libertação *imediata*. Mas a dificuldade é, por certo, o fato de que a maioria prefere continuar com seus hábitos de pensamento e sentimento, com suas tradições, crenças e esperanças. Sem dúvida, a mente é feita de tudo isso. E como pode a mente, assim, sentir algo que não seja a sua própria projeção? Sem dúvida ela não pode. Portanto, ela só pode compreender o próprio mecanismo e enxergar a verdade das próprias atividades. Se o fizer, em seguida ocorrerá a libertação disso e a experiência sem intermediários.

Palestra com os Estudantes em Rajghat, 31 de Dezembro de 1952

A maioria da nós se preocupa em fazer pequenas mudanças aqui e ali, e vivemos satisfeitos assim. À medida que ficamos mais velhos, passamos a não desejar mais nenhuma mudança profunda, fundamental, pois temos medo. Não pensamos em termos de transformação, mas apenas em termos de mudança; e você descobrirá, quando examinar isso a fundo, que se trata apenas de uma modificação; não é uma revolução radical, não é uma transformação. Você precisa encarar tudo isso, desde a sua própria felicidade até a felicidade de muitos, de suas próprias buscas e ambições às ambições, motivos e buscas dos outros; você precisa encarar a competição, a corrupção em si mesmo e nos outros, a deterioração da mente, o vazio do coração.

O que sabemos ao sair daqui? Saímos tão tolos, vazios e superficiais como quando chegamos; e os nossos estudos, a nossa vida na escola, o nosso contato com os professores e o contato deles conosco, nada disso nos ajudou a compreender o complexo problema da vida. Os professores são enfadonhos, e nós nos tornamos tão enfadonhos quanto eles. Eles têm medo, e nós temos medo. Assim, é problema seu, bem como dos professores, cuidar de que saiam daqui com maturidade, com reflexão, sem medo, de maneira que vocês possam enfrentar a vida com inteligência. Embora pareça importante descobrir respostas para todos estes problemas, *não existe resposta*: tudo o que vocês podem fazer é enfrentar esses problemas complexos à medida que eles surgem. Por favor, compreendam isso. Vocês querem uma resposta. Vocês acreditam que, lendo, seguindo alguém, estudando em algum livro, descobrirão respostas para todos esses problemas complexos e sutis. Mas vocês não encontrarão essas respostas, pois todos esses problemas foram criados por seres humanos talvez iguais a vocês. A fome, a crueldade, a hediondez, a sujeira, a impiedade terrível, a crueldade — tudo isso foi criado pelos seres humanos.

Portanto, é indispensável que cada um compreenda o coração humano, a mente humana, que é você mesmo. Limitar-se a procurar a resposta num livro, ou freqüentar uma escola para descobrir, ou seguir um sistema econômico, por mais que ele prometa, ou seguir algum absurdo religioso ou uma superstição, seguir um guru ou rituais, de maneira alguma isso o ajudará a compreender esses problemas, porque eles foram criados por você e por outros iguais a você. E por eles serem criados por você, você não pode compreendê-los sem compreender a si mesmo; e para compreender a si mesmo, a sua forma de viver, a cada momento, a cada dia, ano após ano, você precisa de inteligência, de uma grande dose de percepção, de amor e paciência.

Bombaim, 8 de Fevereiro de 1953

Questionador: Com freqüência, sentimos que o senhor nos abandona. Sabemos que não nos aceitou como discípulos, mas será que o senhor precisa esquivar-se de toda responsabilidade em relação a nós? O senhor não deveria nos ajudar a vencer as dificuldades?

Krishnamurti: Esta é uma maneira complicada de perguntar: "Por que o senhor não se torna o nosso guru?" (risos). Bem, o problema não é abandonar ou ajudar vocês a vencer as dificuldades, porque somos todos pessoas crescidas. Fisicamente, somos crescidos; mentalmente, temos a idade de catorze ou quinze anos; e queremos uma pessoa famosa, um salvador, um guru, um mestre, que nos leve para fora dessa confusão, desse infortúnio; para explicar-nos o estado caótico; para explicar, não para promover uma revolução no nosso pensamento, para explicar. É com isso que estamos preocupados.

Quando você faz essa pergunta, você quer descobrir um caminho para sair da confusão, para se livrar do medo, do ódio, de toda a mesquinhez da vida; e você busca alguém que o ajude nisso. Outros gurus talvez não tenham tido êxito em fazê-lo adormecer com uma dose de ópio, com uma explicação, de modo que você se volta para essa pessoa e diz: "Por favor, ajude-nos a superar isto." O seu problema não será encontrar um novo guru que substitua o antigo, ou um novo mestre para substituir o antigo, ou um novo líder? Por favor, ouçam isto com atenção. Pode-se levar alguém à verdade, à descoberta da verdade? Será possível essa descoberta, se você foi levado a ela? Pode alguém — não importa quem — levá-lo à verdade? Quando você afirma que precisa seguir alguém, será que isso não implica que a verdade é estacionária, que a verdade está aí para que você seja levado a ela, para que você a veja e agarre?

Será a verdade algo a que você possa ser levado? Se for, então o problema é bem simples; você descobrirá o guru ou o líder que mais o satisfaz e ele o conduzirá a ela. Mas por certo a verdade disto que você está procurando está além da explicação. Não se trata de nada estático; trata-se de algo que precisa ser experimentado, que precisa ser descoberto; e não é sendo guiado por alguém que você poderá experimentá-lo. Como experimentarei com espontaneidade algo original se me dizem: "Isto é original, experimente"? O ódio, a maldade, a ambição e a mesquinhez são os problemas, e não a descoberta do que é a verdade. Você não pode descobrir o que é a verdade com uma mente mesquinha. A mente superficial, tagarela, estúpida, ambiciosa — uma mente assim jamais poderá vir a saber o que é a verdade. A mente mesquinha só criará coisas mesquinhas; será vazia, criará um Deus superficial. Nosso problema inicial então não é descobrir, determinar o que é Deus, mas sim verificar como somos mesquinhos.

Veja: se eu sei que sou mesquinho, miserável, infeliz, então eu posso lidar com a situação. Mas se digo: "Eu não posso ser mesquinho, preciso ser grande", então eu estou fugindo — e isso é mesquinhez.

O importante é compreender e descobrir "o que é ", e não transformar o "o que é" em algo diferente. Afinal de contas, a mente estúpida, mesmo lutando para ficar esperta, culta, inteligente, será ainda assim estúpida, pois sua verdadeira essência é a estupidez. Nós não ouvimos. Nós queremos alguém que leve a nossa mesquinhez até algo maior e jamais aceitamos, jamais enxergamos "o que existe", o que realmente existe. É importante descobrir "o que existe", a realidade; é só isso que importa. Em qualquer nível — econômico, social, religioso, político, psicológico —, o importante é descobrir exatamente "o que existe", não "o que deveria existir".

Poona, 10 de Setembro de 1958

Antes de aceitar, de rejeitar ou de criticar você precisa descobrir o que o orador tem a dizer. Em primeiro lugar, você precisa descobrir o que ele quer dizer, qual a intenção dele. Ele pode exagerar, pode não dar a devida ênfase, mas é preciso que você apreenda tudo isso ao ouvir. Em seguida, eu e você poderemos estabelecer um relacionamento correto. Eu tenho algo a dizer que, estou certo, irá criar grande confusão, abalar a tradição, e assim por diante. Mas antes de descobrirem o que está sendo dito, por favor, não construam logo uma barreira defensiva. Adiem um pouco as reações ao que eu disse, quando então vocês terão o direito de criticar, de rejeitar, de aceitar ou, se quiserem, de adotar o que eu digo. Mas até lá eu sugiro que vocês não reajam depressa demais. Escutem de modo amistoso, com a mente aberta, sem aceitar, rejeitar, assumir o que eu digo ou opor-se citando alguma autoridade, porque eu não acredito em autoridades.

A verdade não nos chega pela autoridade. Ela precisa ser descoberta a cada momento. Não se trata de algo permanente, duradouro, contínuo. Ela precisa ser descoberta a cada minuto, a cada segundo. Isso requer uma grande dose de atenção, uma mente bastante alerta, e você não compreenderá isso nem permitirá que isso chegue a você pela mera citação de autoridades ou por especulações acerca da existência ou não de Deus. Você precisa é sentir o que eu digo como indivíduo, ou melhor, deixar que isso chegue a você. Você com certeza não chegará a isso.

Por favor, vamos deixar bem claro este ponto, ou seja, você não pode, por processo algum, por disciplina alguma, por qualquer forma de meditação, chegar à verdade, a Deus ou seja qual for o nome que você lhe der. Trata-se de algo imenso, que não se pode conceber; não existe descrição possível; nenhum livro pode abrangê-lo, nenhuma palavra pode contê-lo. Sendo assim, você não pode, por algum método tortuoso, por algum sacrifício, disciplina ou pela ajuda de um guru, chegar a ela. Este é o fato fundamental a ser compreendido; não existe nenhum truque da mente, nenhum controle, nenhuma virtude, nenhuma compulsão, nenhuma forma de supressão que faça a mente chegar à verdade.

Tudo o que a mente pode fazer é manter-se quieta — mas não com a intenção de receber a verdade. E isso é dificílimo, pois acreditamos que a verdade pode ser conhecida de imediato se fizermos certas coisas. Tanto quanto o amor, a verdade não pode ser comprada. E se você e eu compreendermos isso com clareza desde o início, então o que eu tenho a dizer terá um significado bem diferente e bem definido. De outra forma, você permanecerá num estado de autocontradição. Você acredita que existe a verdade, Deus, um estado que é permanente, e você o deseja; então você pratica a disciplina, executa diversas formas de exercício, mas isso não pode ser comprado. Por maior que seja o grau de devoção, de sacrifício, de conhecimento ou virtude, você não poderá tornar isso uma realidade. A mente precisa estar livre, não pode ter fronteiras, nem limites, nem condicionamentos. Toda a compulsão de adquirir tem de terminar, mas não de modo a receber.

Se a pessoa chegar a compreender isso, ela perceberá a extraordinária criatividade da mente. E você compreenderia a forma de libertar a mente de modo que ela fique num estado de observação atenta, sem jamais perguntar, buscar ou pedir.

Como eu já disse, eu falo para o indivíduo porque apenas o indivíduo pode mudar, não a massa; você pode mudar; sendo assim, o indivíduo é de uma importância infinita. Eu sei que é moda falar sobre grupos, massa, raça, como se o indivíduo não tivesse importância alguma; mas em qualquer ação criativa o importante é o indivíduo. Qualquer ação verdadeira, qualquer decisão importante, a busca da liberdade, a pesquisa sobre a verdade, só pode partir do indivíduo que compreende. Eis por que estou falando apenas para o indivíduo. Você por certo dirá: "O que posso eu, como indivíduo, fazer?" Diante da enorme complicação, as divisões nacionais e religiosas, os problemas da miséria, da fome, da guerra, do desemprego, da rápida degradação e desintegração, o que pode um indivíduo fazer a respeito? Nada.

O indivíduo não pode derrubar a montanha, mas pode estabelecer uma nova corrente de pensamento que criará uma série de ações originais. Ele não pode fazer nada acerca das condições do mundo, pois os eventos históricos têm de seguir seu curso brutal, cruel e indiferente. Mas se meia dúzia de pessoas pensasse mesmo sobre o problema como um todo, elas colocariam em marcha tanto atitudes quanto ações diferentes; por isso o indivíduo é tão importante. Mas se ele quer reformar a enorme confusão, a montanha de desintegração, ele pode fazer bem pouco; na verdade, como vem sendo mostrado, ele não pode exercer influência alguma sobre essa questão. Mas se qualquer um de nós for verdadeiramente individual no sentido de estar tentando compreender todo o processo da mente, então ele será uma entidade criativa, uma pessoa livre, não condicionada, capaz de perseguir a verdade por si mesma, e não ficar buscando resultados.

Portanto, como eu já disse, esta realidade que a mente é incapaz de conceber, que é irredutível a palavras e sobre a qual não se pode especular, esta verdade tem de chegar a você, o indivíduo. Você não pode ir até ela. Afinal de contas, é bastante óbvio que a mente individual, que é também a mente coletiva, é limitada, mesquinha, brutal, feia, egoísta e arrogante. Pode uma mente assim alcançar o desconhecido? Pois o que quer que ela pense deve ser pequeno, mesquinho — tal como os seus deuses. O Deus de vocês é invenção da mente. Você pode ornamentá-lo, mas todas as vestes serão suas; é o Deus de vocês, mas não é a verdade, não é a realidade. Faça o que fizer, a realidade não pode ser alcançada; ela deve ir até você. Assim, o que se pode fazer?

Como a pessoa deve experimentar aquilo que não é mera criação da mente? Isso só é possível quando a mente começa a compreender o próprio processo, os próprios caminhos. Uso aqui a palavra *processo* não no sentido de um meio ou de um fim. Em geral, pela palavra *processo* queremos indicar que, em função do que você fizer, haverá um resultado — se você puser óleo na máquina, ela funcionará com perfeição; se você seguir certas disciplinas, fizer certos sacrifícios, obterá algo em troca. Não uso a palavra neste sentido. Com a palavra *processo* refiro-me à operação da mente tal como ela trabalha, e não como uma forma de buscar um resultado.

Sendo assim, a mente precisa atingir o estado em que fica livre de qualquer empenho, e eu quero discutir toda a questão do empenho e do conflito e se existe um estado que a mente pode atingir sem conflito para alcançar a verdade. Pois apenas quando a mente deixa de estar em contradição consigo mesma, e portanto deixa de estar em conflito, é que ela é capaz de olhar e compreender. É bastante claro que a mente em conflito não poderá jamais compreender coisa alguma, e assim queremos descobrir o porquê de a mente achar-se nesse estado de contradição. Sem dúvida, se pudermos compreender o conflito no interior da nossa mente, avançaremos bastante, pois isso revelará a razão dessa contradição interior. Se pudermos avançar nesta questão bem devagar, passo a passo, e se você quiser mesmo acompanhar, sem se opor, então talvez você atinja um estado da mente sem nenhum conflito. Mas não se limite a aceitar as minhas palavras; você também precisa trabalhar, não apenas ouvir; você tem de tomar consciência da ação da sua mente. Eu estou apenas explicando; cabe a você observar a sua mente em operação.

Sendo assim, em primeiro lugar, por que existem conflitos na nossa vida? Em geral, aceitamos o fato de que deve ser assim, que isso é inevitável, que o homem nasceu em conflito; e tentamos descobrir caminhos e modos de superar isso. Nos relacionamentos, seja na esfera política ou em qualquer outra, há um conflito interior que produz essa contradição, e há também a contradição externa entre o que acreditamos que deveríamos ser e o que somos. Eu pretendo descobrir por que existe essa contradição. Eu não aceito isso como natural, inevitável, ou sem solução, e não aceito que precisemos fugir disso. Este é um modo imaturo de pensar. Eu quero compreender e, para tanto, não vou fugir da questão, não vou evitá-la, nem vou buscar um guru ou me refugiar num cinema. Para mim, quando estou em conflito, voltar-me para um livro, ir a um guru ou mergulhar na meditação é o mesmo que começar a beber. Mas eu quero saber se a pessoa pode remover a contradição interior. Se isso estiver claro, podemos prosseguir e, por favor, não digam no final: "Por que não nos falou sobre o controle da natalidade", ou "Eu vim aqui para descobrir o que é religião, se existe Deus ou não."

A mente contraditória não pode descobrir o que quer que seja da verdade. Pense um pouco — como você pode, vivendo em contradição, conhecer algo que não seja contraditório? Você pode conhecer aquele estado sem opositores, sem divisões, que é o imensurável? Você responderá a esta questão por si mesmo, mas só descobrirá a verdade dela quando descobrir se você pode eliminar a sua contradição interior. E isso é essencial. No momento você está em busca, não da eliminação da contradição, mas da paz para si mesmo, de algum estado no qual a mente não se perturbe de modo algum. Isso equivale a sentar em cima de um vulcão e dizer: vamos examinar o que há lá dentro, vamos deixar sair tudo, o feio, o bestial, o adorável, tudo — deixe sair tudo e deixe-me olhar para tudo isso, o que implica dizer que a mente não pode ter medo. Vamos em frente, então.

Bem, mas por que existe em nós esse estado de contradição? Vamos partir do nível mais baixo. Eu quero dinheiro, mas também não quero dinheiro pois acredito que é bom ser pobre. Não me refiro ao homem que diz de todo coração: "Eu quero ser rico" — e parte em busca disso; para ele não há contradição. Ele está cheio de energia porque é agressivo, brutal, impiedoso, corrupto, violento; ele quer dinheiro, quer posição; portanto, não existe nele conflito interior. Em Hitler, Kruchev e em todos os líderes do mundo, não há consciência da contradição porque eles querem algo e vão em busca disso, por meios certos ou escusos. Gostaríamos de encontrar-nos nessa posição, mas infelizmente isso não ocorre. Estamos em contradição e queremos um estado mental que seja de paz permanente e que não tenha contradição. Tome-se o homem que de alguma maneira é insano. Para ele não há conflito porque ele se limita a dizer: "Eu sou Deus", ou "Eu sou Napoleão", ou ele se identifica com alguma outra crença; portanto, não há nenhum sentimento de contradição. Ele é aquilo que ele imagina ser e, sendo assim, vive cheio de energia.

Já observou essas pessoas? Elas são capazes de percorrer o país de alto a baixo fazendo uma coisa ou outra, porque estão absolutamente tomadas pela idéia, absorvidas por completo. Nós gostaríamos também de estar nesse estado. Assim, perseguimos diversas idéias até descobrir algo que nos sirva, e ali paramos. Devemos então repetir a pergunta: por que existe em nós essa contradição? A contradição é conflito, não é mesmo? Se eu tenho cobiça e não quero ter cobiça, surge logo no meu íntimo um estado de contradição que produz conflito. Mas, se eu sou por completo ambicioso, não existe conflito. Se eu não tenho cobiça alguma, não existe conflito. Mas qual é a razão dessa contradição que, se somos inteligentes, se temos a mente alerta, torna-se mais e mais forte, e da qual não nos livramos com facilidade? Quanto mais forte, mais ativa e passional é a pessoa, mais enérgica ela se torna, e a contradição cresce até que, tendo-se estabelecido como profunda e duradoura, tentamos fugir dela dizendo que a vida é um processo de desintegração e desilusão, e filosofamos indefinidamente. Mas eu acredito que a contradição pode ser totalmente removida, não parcialmente, mas totalmente. Quando você ama, quando está interessado em algo, não há esforço no sentido de trabalhar nisso.

Para a maioria de nós, trabalho é esforço; é ir ao escritório, fazer o que não se quer fazer, é impor-se uma disciplina, que significa trabalho, esforço. Mas se você puder ir além das palavras que estamos usando para compreender a contradição, você descobrirá um estado de ser sem esforço. Vamos examinar a violência e a não-violência. Somos violentos e dizemos que não devemos ser violentos. A não-violência é o ideal; é a projeção da mente que se sente violenta. Então você faz da não-violência um ideal e, em seguida, passa a tentar encaixar a violência nesse ideal. Mas a não-violência não tem realidade! Nenhum ideal tem realidade, é óbvio. Você não concorda logo comigo porque é dificílimo expulsar idéias e ideais com os quais a mente está tão condicionada, a ponto de uma idéia nova não poder ser acolhida. Você está tão hipnotizado pelo ideal quanto o lunático por uma idéia. Eu não o estou ofendendo; eu quero apenas mostrar como é difícil para a mente que pensa por meio de hábitos considerar uma nova idéia. Nós podemos enxergar com clareza como são criados os ideais. Eu sou algo — violento, ambicioso ou o que quer que seja — e quero transformar isso no assim chamado ideal, no oposto. Para isso crio o ideal oposto ao que sou e passo a ter uma variedade infinita de conflitos. Eu sou isso e preciso ser aquilo; esta é a origem do conflito. No momento em que a mente diz: eu não sou mas preciso ser, terá começado todo o processo de conflito.

Muitos de vocês pensarão que sem esforço vão virar semente, vegetar, e que se não houvesse pressão, conflito, compulsão, vocês ficariam estagnados como uma vaca. Portanto, vocês educam os filhos — como faz a sociedade, o mundo todo — movidos pelo impulso de vir a ser alguém ou alguma coisa, o que envolve um perpétuo movimento de conflito. Eu posso então ver que existirá conflito enquanto houver um ideal, e que enquanto a mente permanecer preocupada com o futuro, com "o que deveria ser", não se ocupará com "o que é". É bastante óbvio que a pessoa não pode ter a mente dividida; uma parte da mente ocupada com a não-violência e a outra parte com a violência. Portanto, você percebe que enquanto houver qualquer tipo de ideal na mente haverá um estado de contradição. Isso não significa o mero aceitar daquilo "que existe", a estagnação.

A verdadeira revolução começa quando você pode pôr de lado todos os seus ideais — e como é difícil fazer isso! Você foi criado com ideais. Todos os livros, os santos, os professores, as pessoas eruditas, todos disseram que você deve ter ideais, e esse pensamento tornou-se um hábito. É puro hábito. Você vive preso a tantos ideais adoráveis, e de repente aparece alguém e diz que esses ideais são absurdos e não possuem realidade alguma; então, para a mente, perceber que isso é assim significa conhecer a verdade. A verdade não paira sobre colinas e montanhas. Ela é a percepção da verdade nas coisas simples e, se perceber a verdade do que viemos dizendo até agora, você romperá o hábito dos ideais.

Mas durante séculos fomos criados com ideais — o ideal de que você deve tornar-se alguém, um executivo ou o primeiro-ministro; e se não puder ser um desses você tenta tornar-se um santo. Você vive sempre querendo transformar-se em algo, seja neste mundo ou no chamado mundo espiritual. Sendo assim, você tem ideais para aqui e ideais para lá. Portanto você dispõe de um vasto campo de conflito, que é o hábito. Isto tornou-se um hábito muito forte e impregnado, e você jamais pensou em livrar-se dele.

Este é um hábito dificílimo de romper porque você tem medo do que virá a acontecer. Seu relacionamento com as pessoas mudará; você não aceitará mais com facilidade tudo aquilo que lhe disseram. Você começará a questionar. Você poderia perder o emprego. Então vem o medo e dá as ordens. O medo diz: "Não abandone tudo isso; senão, o que vai acontecer?" Sua mulher acredita em ideais, e se você os abandona surgirão brigas intermináveis em casa. Quem é você para ir contra toda a autoridade instalada? Que direito você tem de fazer isso? Assim, a sociedade o amansa. E, com um medo inconsciente, você tenta dizer: "Por favor, eu aceitarei esses ideais apenas verbalmente, pois sei que eles não têm significado algum." Mas você não terá resolvido o problema do conflito.

O conflito aparece — não é mesmo? — porque o homem jamais enfrentou o problema daquilo "que existe" sem se preocupar com "o que deveria existir". Para compreender "o que existe" precisamos de uma grande dose de atenção, uma busca intensa, uma investigação cuidadosa; mas seguir um ideal é facílimo — e não significa nada. Contudo, se você diz: "Eu sou violento e vou ignorar toda essa bobagem idealista acerca da não-violência e compreender a minha violência", a sua posição fica clara. Surge então a questão: já que ficou livre do ideal, você deixará agora de tentar mudar "o que existe"? Pois o ideal agia como a alavanca com a qual você buscava mudar "o que existe". Você acreditava que a idéia da não-violência era a influência com a qual você poderia se libertar da violência. Ou seja, tendo criado a contradição por meio do ideal, esperamos, por meio do conflito, livrar-nos da violência. Mas jamais tivemos êxito. Isso caminha em paralelo com a brutalidade, exteriorizada ou reprimida, e produz seus resultados. Eu posso permanecer então apenas com a violência, sem me apegar também ao seu oposto? Se for assim, terei removido uma das causas do conflito, talvez a maior delas.

Ficar livre dos ideais é bastante difícil, pois você pode removê-los externamente e ainda assim permanecer com ideais interiores — a assim chamada experiência interior, que lhe diz o que fazer. Você pode rejeitar a autoridade exterior, e pessoas muito inteligentes fizeram isso, mas por dentro elas ainda querem ser alguma coisa, não apenas o chefão da cidade ou da escola; elas também querem ser religiosas, conquistar um estado mental que seja a paz perfeita. Mas o desejo de estar em paz indica que você não está em paz, e assim você precisa enfrentar o que é real. Veja você a natureza complexa da contradição! Embora dizendo conscientemente que estes ideais são absurdos, eles estão sedimentados no inconsciente. Toda a nossa raça está presa a ideais. Não é apenas uma questão de remover alguns mais tolos; você precisa compreender todo o processo da mente.

Uma das dificuldades para a maioria de nós é o fato de que parece que não somos capazes de enxergar o todo. Só o enxergamos em parte. Não dizemos de imediato: "Como eu poderia ver o todo?". Este não é o problema. O problema é que a nossa mente é tão pequena que não parecemos capazes de apreender o todo só com um olhar. Não podemos enxergar a montanha toda, pois nossa mente, sendo pequena, mesquinha, vive ocupada com detalhes, e o conjunto de detalhes não forma o todo. Por favor, pergunte a si mesmo: qual a razão de minha mente não receber a verdade já livre de toda a falsidade do processo de idealização? Precisaremos examinar a fundo a remoção de cada ideal, um por um? Seria uma tarefa gigantesca, não é mesmo? Dia após dia, lutando, rasgando-as, sem dúvida levaríamos anos, caminhando passo a passo, tomando um ideal por vez e descartando-o. Entretanto, eu não posso enxergar a verdade simples de que os ideais são totalmente desnecessários? Não posso perceber de relance o imenso significado disso e permitir que a verdade que enxerguei passe a operar?

Você sabe toda a verdade sobre o que acontece quando é picado por uma cobra e sabe da possibilidade de morrer em função disso. Este é um fato. Então o que você faz? Ao entrar na floresta e caminhar à noite por ela, você, obviamente, anda com muito cuidado. Não é preciso repetir: "Eu preciso pensar nas cobras." O medo de ser picado age em você. Ou então, existe no seu banheiro uma garrafa com rótulo de veneno. O líqüido é venenoso, e isso é um fato. Assim, sem pensar, sua mente se mantém sempre alerta, mesmo no escuro, e você não apanha a garrafa nem bebe. Você conhece a verdade, sabe que o veneno da cobra e o da garrafa são perigosos, e sua mente vive atenta a isso, não apenas por um momento, mas o tempo todo. Do mesmo modo, se você puder enxergar a verdade de que os ideais não têm realidade e enxergar isso com clareza, por completo, então a percepção da verdade total de que os ideais não têm valor começará a operar por si mesma. *Você* não *tem que agir*. Os ideais *agirão* por si mesmos.

Se você perceber a verdade disso, não precisará empenhar-se para romper os ideais um por um. A verdade o fará. Portanto, o ponto que eu quero frisar é o seguinte: você pode enxergar a totalidade da verdade imediata de algo, assim como você vê a verdade de que a cobra é venenosa? Se você enxerga a verdade de que o conflito tem de cessar, e que o conflito é produzido por essa divisão entre o que eu sinto que eu deveria ser e o que eu sou, então você não precisa fazer nada. Sua mente consciente não pode lidar com o inconsciente imponderável; mas a verdade que você enxergou fará isso por você. Isso aconteceu com você? Ou seja, será que você percebe a verdade de tudo isso? Não todas as suas implicações, pois elas são apenas uma questão de pesquisa e de tempo. Se você sente essa verdade, deixemos isso de lado um pouco e vamos examinar o problema daquilo "que existe", pois a nossa meta é eliminar a contradição em nós mesmos.

Para a maioria das pessoas, quanto mais tensão houver na contradição, mais ativas elas serão. Existe tensão na contradição. Eu sou violento e não devo ser violento; essa oposição cria a tensão, e a partir da tensão você age, escreve um livro ou tenta fazer algo a respeito. Essa é toda a nossa atividade no momento. Aqui na Índia vocês afirmam que são uma raça não-violenta. Deus sabe o que isso significa! Pois vocês estão preparando um exército e gastando 37% do seu dinheiro nisso, segundo me disseram. E vejam o que está sendo feito com vocês, não apenas com os pobres, mas com a raça. Vocês dizem uma coisa e fazem o oposto. Por quê? Porque argumentam: "Se não tivéssemos exército, o Paquistão atacaria", e o Paquistão diz as mesmas bobagens, e vocês levam adiante o jogo. Não apenas na Índia mas no mundo inteiro existe contradição — somos todos pessoas gentis e amáveis, e nos preparamos para a guerra! Então a nação, a raça, o grupo, a família, o indivíduo vivem em estado de contradição, e quanto mais profunda a contradição, maior a tensão, e quanto maior a tensão, maior a atividade. A atividade assume diferentes formas, desde escrever um livro até tornar-se um eremita. Assim, cada um de nós é um pouco esquizofrênico, vive em estado de contradição. E, não sabendo a forma de sair disso, voltamo-nos para a religião, ou tomamos drogas, ou perseguimos mulheres, ou vamos à igreja — qualquer forma de atividade que nos afaste "daquilo que existe". Nós reformamos a cidade mas jamais nos atracamos com a questão fundamental.

Sendo assim, eu quero atacar "o que existe", pois de outra maneira vejo que continuarei para sempre em contradição. Um homem em paz consigo mesmo não precisa de deuses, pois é capaz de mergulhar fundo em si mesmo, e muito longe, lá onde as fronteiras do reconhecimento terminaram por completo. E essas fronteiras devem terminar antes que a mente possa receber o que é eterno. Não se limitem a concordar, pois esta é uma das coisas mais difíceis de fazer e requer um trabalho gigantesco em você mesmo. Este trabalho não é um esforço. Ele só passa a ser esforço, conflito, contradição quando você ainda deseja vir a ser algo.

Eu quero, portanto, examinar "aquilo que existe", ou seja, eu tenho cobiça, sou violento. Estou examinando isso e vejo que não deve existir uma abordagem contraditória à questão. Em tenho de encarar o que eu sou e compreender isso, mas não em relação ao que eu deveria ser. Sou capaz de fazer isso? De novo você descobrirá que se trata de uma das coisas mais difíceis de fazer — examinar "aquilo que existe", sem julgamento, sem comparação, sem aceitação, sem condenação, pois no momento em que você condena, você entra no campo da contradição. Poderemos então, eu e você, examinar a violência sem introduzir o elemento, seja de aceitação, seja de negação? Eu posso encarar a minha violência? Qual é o estado da mente que, tendo eliminado a contradição, examina a violência? Eu me limitei apenas ao que é verdadeiro, não é mesmo?

— apenas ao fato de que eu sou violento, tenho cobiça e apetite sexual. Posso encarar isso?

Qual é o estado da mente que examina um fato? Já tiveram a oportunidade de encarar um fato — uma mulher, um homem, a criança, a flor, um pôr-do-sol? E o que você faz quando olha? Você pensa em alguma outra coisa, não é verdade? Você diz: "Que homem bonito, não devo olhar para ele", ou "Que mulher bonita, eu gostaria que fosse a minha esposa". Você jamais olha sem reação. Você olha o pôr-do-sol e faz comentários sobre a sua beleza, ou afirma que não é tão bonito quanto o de ontem. Ou seja, você jamais olhou para ele. Sua recordação de ontem destrói a percepção do que é hoje. E há uma dificuldade extraordinária em olhar para tudo com clareza, abertamente, com simplicidade! Examinemos agora um outro fato. Por que vocês estão me ouvindo? Vocês estão me ouvindo, é óbvio, porque eu sou famoso. Vocês acham que eu posso fazer algo por vocês. Acham que devem me ouvir porque intelectualmente isso é agradável ou por alguma outra razão, e, sendo assim, na verdade vocês não estão ouvindo. Na verdade o que ocorre é que, uma vez que o que eu digo contraria o que vocês pensam, vocês não ouvem. Tudo o que vocês ouvem é o que vocês acham que sabem a meu respeito — e vocês não sabem nada! O importante não é saber a meu respeito, mas acompanhar o que está sendo dito, para descobrir se tem algum fundamento, alguma realidade, algum sentido, ou se é bobagem, falso. Só isso é o que importa, e o que vocês pensam pessoalmente a meu respeito é de absoluta irrelevância.

Sendo assim, pergunto, já tiveram a oportunidade de encarar um fato? Por favor, quando forem para casa, tentem fazer isso, apenas de brincadeira. Se você tiver uma flor no quarto, olhe para ela, e veja o que faz a mente. Verifiquem se a maioria de nós pode olhar para ela ou se de imediato diz: é uma rosa, ou está murcha, e assim por diante. Você pode, talvez, olhar a flor, ou a sua esposa, o seu filho, mas é mais difícil olhar para si mesmo, totalmente; observar a si mesmo sem introduzir o fator da contradição ou da aceitação.

Posso encarar minha violência sem nenhuma forma de aceitação ou negação? Vocês verão, se tentarem, que isso é dificílimo, pois o hábito vem e diz todo o tipo de bobagem. Olhar um fato, seja ele um fato político, religioso ou social, requer atenção, e não um estado de contradição. Não pode haver atenção se existir contradição.

A fome existe em diversas partes do mundo; talvez não na América, na Europa ou na Rússia, mas por toda a Ásia. Todos discutem isso e nada acontece. Por quê? Os comunistas, os socialistas, os reformadores, os políticos importantes, todos falam sobre o assunto, todos falam, e nada acontece. Um fato é que existe a fome e outro fato é que cada grupo quer solucionar o problema de acordo com um sistema próprio e afirma: "O meu sistema é melhor que o de vocês." E como existem divisões nacionais e a manipulação política do poder, isso continua indefinidamente. Então o fato é que ninguém quer atacar o problema da fome. Eles só querem agir de acordo com os próprios métodos. Tudo isso são fatos. Sendo assim, você pode descobrir a forma como a mente encara um fato? A forma de abordar um fato é mais importante do que o fato propriamente dito, porque se a sua abordagem é direta, o fato sofre uma grande mudança.

De Verdade e Realidade, *Brockwood Park, 18 de Maio de 1975*

Krishnamurti: Eu estava pensando acerca do que vem a ser a verdade e do que vem a ser a realidade, e se existe alguma relação entre elas, ou se são distintas. Serão elas eternamente divorciadas? Serão apenas projeções do pensamento? E se o pensamento não existisse, existiria a realidade? Eu acho que a realidade vem de *res*, coisa, e tudo aquilo sobre o qual o pensamento venha a atuar, ou engendrar, ou refletir será realidade. E o pensamento, funcionando de maneira distorcida e condicionada, é ilusão, logro de si mesmo, distorção. Eu paro aqui, pois quero que essa questão brote sem que eu tenha que ir ao encalço dela.

David Bohm: A questão do pensamento, da realidade e da verdade tem ocupado inúmeros filósofos ao longo do tempo. Trata-se de uma questão das mais difíceis. O que o senhor diz me parece basicamente verdadeiro, mas há uma série de pontos que precisam ser resolvidos. Uma das perguntas que surgem é: se a realidade é pensamento, porventura aquilo de que trata o pensamento, o que surge na consciência, transcende a realidade?

K: Os conteúdos da consciência são uma realidade?

DB: Esta é a questão; e será que podemos usar o pensamento como um equivalente da consciência na sua forma básica?

K: Sim, podemos.

DB: Quem sabe, apenas para não deixar nada de fora, devêssemos incluir no pensamento o sentimento, o desejo, a vontade e a reação. Eu acho que sim porque estamos examinando a ligação entre consciência, realidade e verdade.

K: Está certo.

DB: Um dos pontos que eu gostaria de abordar é: Existe o pensamento, existe a consciência e existe o objeto de que temos consciência. E como o senhor já disse inúmeras vezes, o pensamento não é a coisa.

K: Justamente.

DB: Temos de deixar isso bem claro, pois em certo sentido o objeto pode ter alguma forma de realidade independente do pensamento; não podemos nos apressar e negar isso. Ou chegaríamos a afirmar, como alguns filósofos, entre os quais o bispo Berkeley, que tudo é pensamento. Eu gostaria agora de sugerir uma distinção, possivelmente útil, entre a realidade amplamente criada pelo nosso próprio pensamento, ou pelo pensamento da humanidade, e a realidade que pode ser encarada como tendo existência independente desse pensamento. Por exemplo, o senhor diria que a natureza é real?

K: Sim, ela é.

DB: E não se trata apenas de nossos pensamentos.

K: Não, sem dúvida que não.

DB: A árvore, a terra, as estrelas...

K: Claro, o cosmos.

DB: Exato. Outro dia me ocorreu a idéia de que a ilusão é real, no sentido de que é algo que está mesmo acontecendo para a pessoa que tem essa ilusão.

K: Para ela é real.

DB: Mas para nós também é real porque o cérebro se encontra em certo estado de atividade elétrica e química e, baseada na ilusão, a pessoa age de forma real.

K: De forma real, de forma distorcida.

DB: Distorcida mas real. Ocorreu-me agora que é possível dizer que mesmo o falso é real, mas não verdadeiro. Isso pode ser importante.

K: Compreendo. Por exemplo: Cristo é real?

DB: Sem dúvida ele é real na mente das pessoas que acreditam nele, no sentido em que estamos discutindo.

K: Nós queremos descobrir a diferença entre verdade e realidade. Dissemos que tudo aquilo de que trata o pensamento, seja razoável ou não, é realidade. Pode ser distorcido ou raciocinado com clareza, mas de qualquer forma é realidade. Essa realidade, eu afirmo, nada tem a ver com a verdade.

DB: Está bem, mas precisamos dizer que além disso, de alguma forma, a realidade engloba mais do que o simples pensamento. Há também a questão da realidade objetiva. Um objeto não é uma realidade objetiva? A existência não é um fato objetivo? De acordo com o dicionário, fato é aquilo que é feito objetivamente, o que acontece concretamente, o que é percebido objetivamente.

K: Sim, precisamos compreender o que entendemos por fato.

DB: Fato é a ação que está ocorrendo objetivamente. Suponha, por exemplo, que você está andando numa estrada escura e de repente acha que está vendo alguma coisa. Pode ser real, pode não ser. Num momento parece que é real, e no momento seguinte parece que não é. Mas em seguida você toca essa coisa e ela obstrui o seu movimento. A partir dessa ação, fica claro de imediato que existe essa coisa real na qual você encostou. Mas se não houver esse contato você diz que não é real, que talvez não passasse de uma ilusão, ou, ao menos, de algo que por engano você tomou por real.

K: Mas, é claro, a coisa ainda é uma realidade da qual trata o pensamento. E realidade nada tem a ver com verdade.

DB: Mas vamos prosseguir com a discussão sobre "a coisa". Veja, a raiz da palavra inglesa *thing* [coisa] é a mesma que a do alemão *bedingen*, condicionar, estabelecer as condições ou determinar. E, na verdade, temos de concordar que uma coisa é necessariamente condicionada.

K: É condicionada. Vamos aceitar isso.

DB: Este é um ponto-chave. Qualquer forma de realidade é condicionada. Assim, mesmo a ilusão é uma forma de realidade condicionada. Por exemplo, a composição do sangue de um homem pode se alterar se ele não se encontra em estado de equilíbrio. Ele não está no seu estado natural, pode estar muito excitado, e talvez por isso esteja preso a uma ilusão. Então tudo é determinado por condições e também condiciona todas as outras coisas.

K: Sim, é isso.

DB: Tudo o que existe está interligado na forma de um condicionamento mútuo, que chamamos de influência. Em física isso fica muito claro — os planetas todos se influenciam uns aos outros, os átomos se influenciam uns aos outros, e a minha hipótese é que o pensamento e a consciência talvez possam ser encarados como partes de toda a cadeia de influências.

K: É isso mesmo.

DB: Dessa forma, tudo influencia a consciência, e esta, por sua vez, percorre o caminho inverso e influencia a forma dos objetos à medida que os produzimos. E você poderia afirmar, então, que tudo isso é realidade e que o pensamento por conseguinte também é real.

K: O pensamento é real.

DB: E há uma parte da realidade influenciando outra parte da realidade.

K: E também uma parte da ilusão influenciando outra parte da ilusão.

DB: Sim, mas tomemos cuidado agora porque podemos dizer que existe essa realidade que não é feita pelo homem, pela humanidade. Mas isso ainda é limitado. O cosmos, por exemplo, como nós o vemos, é influenciado pela nossa experiência e, portanto, é limitado.

K: É verdade.

DB: Tudo o que vemos é visto através da nossa própria experiência, dos nossos antecedentes. De modo que a realidade não pode, em hipótese alguma, ser totalmente independente do homem.

K: Concordo.

DB: Ela pode ter uma independência relativa. A árvore é uma realidade relativamente independente, mas é a nossa consciência que abstrai a árvore.

K: O senhor está dizendo que a realidade do homem é produto da influência e do condicionamento?

DB: Sim, de interação e reação mútuas.

K: Assim como todas as suas ilusões também são um produto seu.

DB: Sim; todas estão entrelaçadas.

K: E qual a relação de um homem sadio, racional, saudável, um homem íntegro, com a realidade e a verdade?

DB: Sim, precisamos considerar isso, mas antes temos de examinar a questão da verdade. Eu acho que é de grande utilidade estudar a origem das palavras. A palavra *true* [verdade] em latim, é *verus*, e significa "aquilo que existe", o mesmo que o inglês *was* ou *were* ou o alemão *wahr*. Mas, em inglês, o significado original da palavra *true* é confiável, exato, preciso; veja, podemos dizer que uma linha é precisa, que a máquina é precisa. Li uma história em certa ocasião sobre uma linha que corria bem; a imagem era de uma roda de fiar com a linha correndo com precisão.

K: Certo.

DB: E agora podemos dizer que o nosso pensamento, ou a nossa consciência, é fiel a "aquilo que existe" se ele for preciso, se funcionar bem, se o homem for sadio, mental e fisicamente. Caso contrário, não é; ele é falso. Então a falsidade da consciência não está apenas na informação errada, mas também, sem dúvida, no fato de ela não operar com precisão como uma realidade.

K: O que o senhor está dizendo é que, enquanto o homem for mentalmente sadio, saudável, íntegro e racional, o fio estará sempre correndo bem.

DB: Sim, a consciência estará na linha exata. Portanto, a realidade dele...

K: ...é diferente da realidade de um homem cujo fio está retorcido, que é irracional, neurótico.

DB: É bem diferente. Talvez este último seja até mesmo insano. O senhor pode ver que, com as pessoas assim, tudo é diferente — elas às vezes não conseguem nem mesmo enxergar a realidade.

K: E o homem sadio, saudável, na sua plenitude, virtuoso, qual é o relacionamento dele com a verdade?

DB: Se o senhor aceita o sentido da palavra, se diz que a verdade é o que existe e se mantém fiel a tudo o que existe, então o senhor deve dizer que ele é tudo isso.

K: O senhor diria então que o homem mentalmente sadio, na sua plenitude, é verdadeiro?

DB: Ele é verdadeiro, sim.

K: Um homem assim é verdadeiro. Ele pode ter certos pensamentos que seriam realidade, mas ele é verdadeiro. Ele não pensa de modo irracional.

DB: Bem: eu não diria isso; eu diria que ele pode cometer enganos.

K: É claro.

DB: Mas ele não persiste no engano. Em outras palavras, existe o homem que cometeu um engano e reconhece isso, modifica isso.

K: Sim, certamente.

DB: E há também o homem que cometeu um engano mas sua mente não é precisa; portanto, ele prossegue com o engano. Mas temos de voltar à questão: será que a verdade transcende qualquer homem em particular? Será que ela inclui outros homens, bem como a natureza?

K: Ela inclui tudo isso.

DB: Certo; então a verdade é uma só. Mas há uma enorme diversidade no campo da realidade. Tudo é condicionado, todo o campo da realidade é condicionado. Mas, claramente, a verdade por si mesma não pode ser condicionada nem dependente de nada.

K: Como então o homem que é verdadeiro se relaciona com a realidade?

DB: Ele enxerga tudo e, ao fazer isso, compreende a realidade. A palavra *compreender* significa apreender tudo ao mesmo tempo.

K: Ele não divide a realidade. Ele diz: "Eu a compreendo, eu a apreendo, eu a vejo."

DB: Sim, é tudo um campo de realidade, ele próprio e tudo o mais. Mas nesse campo existe aquilo que é condicionado, e ele compreende as condicionantes.

K: E porque ele compreende o condicionamento, ele está livre do condicionamento.

DB: Parece claro, então, que todo o nosso conhecimento, estando baseado no pensamento, é na verdade parte desse determinado campo condicionado da realidade.

K: Agora, outra questão. Suponha que eu seja um estudioso, cheio desse conhecimento condicionado e condicionante. Como devo compreender a verdade no sentido de mantê-la coesa?

DB: Eu não acredito que o senhor possa compreender a verdade.

K: Suponhamos que eu tenha estudado durante toda a minha vida, que devotei toda a minha vida ao conhecimento, conhecimento que é a realidade.

DB: Sim, e é também conhecimento acerca de uma realidade ainda maior.

K: E suponhamos que o senhor vem e diz: "A verdade está em outro lugar; não é isto." Eu aceito o que o senhor diz, porque o senhor me mostra, e então eu digo: "Por favor, ajude-me a ir daqui para lá." Porque assim que eu tiver chegado *lá*, eu compreendo. Se eu continuar *aqui*, então a minha compreensão será sempre fragmentada. Sendo assim, o meu conhecimento me diz: "Isto é realidade, mas não é a verdade." E suponhamos que o senhor me diz: "Não, não é." E eu peço: "Por favor, ensine-me a ir daqui para lá."

DB: Bem, como já dissemos, não podemos nos mover...

K: Estou falando de forma resumida. O que devo fazer?

DB: Eu acho que é preciso perceber que toda essa estrutura do conhecimento é inevitavelmente falsa, pois a minha realidade é distorcida.

K: O senhor diria que o conteúdo da minha consciência é conhecimento?

DB: Sim.

K: Como proceder para esvaziar a consciência e ainda reter um conhecimento que não seja distorcido — pois de outra forma não é possível viver —, e atingir um estado, ou o que quer que seja, que compreenda a realidade. Não sei se eu estou me fazendo entender.

DB: Perfeitamente.

K: O que eu estou perguntando é: A minha consciência humana é o seu conteúdo, que é conhecimento; é um aglomerado confuso de conhecimento irracional e de algum que é correto? Pode essa consciência compreender ou fazer a verdade chegar até ela?

DB: Não, não pode.

K: Então, a consciência pode chegar à verdade? Não, ela também não pode. Qual a alternativa?

DB: Pode haver percepção do erro nessa consciência. Essa consciência é falsa, no sentido de funcionar de forma precisa. Em função do seu conteúdo confuso, ela não funciona de maneira precisa.

K: Ela é contraditória.

DB: Ela confunde tudo.

K: Não "confunde tudo"; ela mesma é uma confusão.

DB: Ela é confusa, sim, na sua maneira de agir. Bem, mas vejamos, uma das características principais da confusão é a forma como a consciência reflete acerca de si mesma: é como se houvesse um espelho e a consciência estivesse olhando para si mesma no espelho e o espelho estivesse refletindo a consciência como se ela não fosse consciência, mas uma realidade independente.

K: Certo.

DB: A consciência adota, portanto, um modo errado de agir, pois ela tenta melhorar a realidade aparentemente independente, quando de fato tudo isso não passa de uma confusão. Eu gostaria de explicar nestes termos: de alguma forma, o todo da consciência é um instrumento que é conectado a uma energia mais profunda. E enquanto isso for assim, a consciência manterá esse modo equivocado de agir.

K: Está bem.

DB: Assim, vendo que a consciência reflete acerca de si mesmo de modo errado, como se não dependesse do pensamento, o necessário é que de alguma forma a energia seja desconectada da consciência. O todo precisa ser desconectado da consciência, de maneira que ele possa, por assim dizer, continuar ali sem energia.

K: O que o senhor está sugerindo é que não se alimente a consciência. Minha consciência é uma desordem; ela é confusa, contraditória e tudo o mais. E sua energia é fruto da sua própria contradição, da sua própria desordem.

DB: Bem, eu diria que a energia na verdade não está vindo da consciência, mas sim que, enquanto houver energia chegando, a consciência continua fazendo confusão.

K: De onde surge a energia?

DB: Precisaríamos dizer que talvez ela venha de algo mais profundo.

K: Se ela vem de algo mais profundo, então entramos no campo sagrado dos deuses, de influências externas, e assim por diante.

DB: Não, eu não diria que a energia vem de influências externas. Prefiro dizer que, em certo sentido, ela vem de mim.

K: Então o "mim", o "eu", é a consciência?

DB: É.

K: Então o conteúdo está criando a sua própria energia. O senhor diria isso?

DB: Em certo sentido está; mas parece impossível que o conteúdo crie a sua própria energia. Isso equivale a afirmar que um conteúdo é capaz de criar a sua própria energia.

K: Na verdade, o conteúdo está criando a sua própria energia. Veja, estou em contradição, e a própria contradição me dá vitalidade. Tenho desejos opostos. Quando tenho desejos opostos, tenho energia, luto. Portanto, o desejo está criando a energia — não Deus ou algo mais profundo, é ainda o desejo. Esse é o truque que tantos praticaram. Eles dizem que existem influências externas, uma energia mais profunda — mas logo em seguida a pessoa se vê de volta à situação anterior. Mas eu verifico que a energia da contradição, a energia do desejo, da vontade, da busca do prazer é o conteúdo da minha consciência; ou seja, a consciência está criando a sua própria energia. Realidade é isso; a realidade está criando sua própria energia. Eu posso afirmar: "Eu trago a minha energia bem lá do fundo", mas ainda assim é realidade.

DB: Tudo bem. Suponha que aceitemos isso, mas o problema é que ver a verdade disso...

K: ...é aí que eu quero chegar. Será essa energia diferente da energia da verdade?

DB: É.

K: É diferente.

DB: Mas vamos tentar apresentar de outro modo: a realidade pode ter diversos níveis de energia.

K: Certo.

DB: Mas parte da energia desviou-se da linha correta. Digamos que o cérebro fornece energia para todos os processos do pensamento. Agora, se de alguma forma o cérebro não fornecer energia para o processo do pensamento que está confuso, então tudo pode endireitar-se.

K: É isso. Se a energia percorre a linha correta, é uma realidade sem contradição. É uma energia infindável, pois não tem atritos. Mas será que essa energia é diferente da energia da verdade?

DB: Sim. Elas são diferentes e, como certa vez discutimos, deve haver uma fonte comum mais profunda.

K: Não estou bem certo. A sua opinião é que ambas provêm da mesma raiz.

DB: Sim, eu sou dessa opinião. Mas até o momento há a energia da verdade que pode compreender a realidade e...

K: ...o inverso não é possível.

DB: Não, não é; mas parece que existe alguma ligação entre elas, uma vez que, quando a verdade compreende a realidade, a realidade caminha em linha reta. Então parece que há uma ligação pelo menos num sentido.

K: Certo, uma ligação de mão única — a verdade gosta disso, isso não gosta da verdade.

DB: Mas, uma vez estabelecida a ligação, então a realidade segue em linha reta e não desperdiça energia nem faz confusão.

K: Veja: é onde entra a meditação. Em geral, a meditação vai daqui para lá, com prática e tudo o mais. Move-se disto para aquilo.

DB: Move-se de uma realidade para outra.

K: Certo. A meditação é, na verdade, enxergar o que existe. Mas geralmente a meditação é tomada como um movimento de uma realidade para outra.

Saanen, 1º de Agosto de 1975

Qual o modo de agir de um homem que não fica preso no tempo? Qual o relacionamento entre a realidade e a verdade, se é que existe a verdade, e o que deve fazer um homem que vive o tempo todo no mundo da realidade? Preso nesse mundo de realidade imaginativa e verbal, o mundo das conclusões, ideologias, tiranias, o que deve fazer o ser humano? Vamos abordar isso? Qual é a diferença, ou qual é o relacionamento entre verdade e realidade? Dissemos que realidade é tudo aquilo que o pensamento agrupou, tudo aquilo acerca do que o pensamento reflete, tudo o que o pensamento recorda como conhecimento, experiência e memória. O pensamento age nessa área, e chamamos a isso de realidade.

Sabemos que a raiz da palavra *realidade* é *res*, coisa. Sendo assim, vivemos com coisas, vivemos com coisas criadas pelo pensamento como idéias, vivemos com coisas chamadas conclusões, que são verbais, e temos opiniões, julgamentos diferentes, e assim por diante. Este é o mundo da realidade. E qual é o relacionamento entre isso e a verdade? Como responder a isso? Este era um dos problemas dos antigos hindus e de alguns filósofos e cientistas, tanto antigos quanto modernos: existirá algo que possamos chamar de verdade e, se existir, estará dentro do campo da realidade, ou estará fora da realidade? E, se estiver fora, qual a relação entre isso e a realidade?

Qual a atividade da realidade? O que se passa no campo da

realidade? Eu proponho que comecemos com isso e vejamos o seu significado e valor. E quando tivermos compreendido todo o campo da realidade, então poderemos investigar o outro, e não fazer o caminho contrário. Porque a mente da pessoa pode não ser capaz de investigar a verdade. Mas *podemos* investigar o mundo da realidade, sua atividade, o quanto ele é destrutivo ou construtivo, e assim por diante. Só quando pudermos ver o mundo da realidade com absoluta clareza, lógica, saúde e sanidade mental é que poderemos iniciar a investigação da existência ou não da verdade. Não se trata de perguntar o que é verdade, pois então estaremos especulando acerca disso, e nossa especulação é tão boa quanto a de qualquer outro.

Sendo assim, o que vem a ser atividade no mundo da realidade, tanto externa quanto interiormente, psicologicamente? Nesse mundo de realidade existe sempre dualidade, o "eu" e o "você", nós e eles. A dualidade se expressa, age no mundo da realidade na forma de nacionalidades, de divisões religiosas, de divisão política, de tiranias e dominação; tudo isso, na verdade, vem ocorrendo. Existe pois essa atividade da dualidade — o "eu" e o "você", e o "eu" separando-se do verdadeiro e colocando-se em conflito com o verdadeiro.

O mundo da realidade é criado pelo pensamento. O pensamento é movimento no tempo e no espaço. O pensamento criou o núcleo; o núcleo separa-se do pensamento e em seguida cria a dualidade na forma de "eu" e "você". Você pode ver a realidade disto? Não verbal ou intelectualmente, mas verdadeiramente? Isto é a verdade; "aquilo que é" é a verdade. E será que eu enxergo "aquilo que é"? Ou seja, o pensamento criando um núcleo, o núcleo assumindo o poder, dominando e criando a divisão entre o núcleo e a periferia. Tendo sido criado pelo pensamento, o núcleo não apenas se torna um processo coeso e unitário, mas age também como força que divide. Vocês podem perceber isso com a clareza com que vêem esta tenda? A tenda é real, ela foi criada pelo pensamento; ela é independente do pensamento, mas é real.

Portanto vivemos, externa e internamente, em termos psicológicos, no campo da realidade, que é basicamente não apenas fragmentário mas também divisor. Assim é a nossa vida. Um dos sintomas dessa divisão é o núcleo tentando controlar o pensamento, tentando controlar o desejo, tentando controlar os diversos apetites, as diversas reações. O núcleo torna-se então o agente da divisão. Isso é bastante simples. Ou seja, o conflito é sempre parte do campo da realidade. O conflito não está apenas no meu interior, mas fora também, no meu relacionamento com os outros.

O conflito é um dos princípios da realidade; a divisão é também um desses princípios, e é dessa divisão que surge o conflito. Isso é factual. O núcleo separa-se da violência e em seguida age sobre ela, controlando-a, dominando-a, tentando transformá-la em não-violência e assim por diante; do núcleo emana sempre a tentativa de controlar, de modificar. Isso vem ocorrendo na política, tanto no mundo democrático como no mundo da tirania, onde uns poucos dominam a maioria. Os poucos são o núcleo — não sei se percebem a beleza disso —, e os poucos querem a unidade; portanto precisam dominar.

Assim, no campo da realidade, a divisão é um dos princípios básicos. Isto é, o núcleo tentando controlar o pensamento. Vamos nos ater a isso e tentar compreender. Tentamos controlar a raiva, tentamos controlar diversas formas de desejo, sempre a partir do núcleo — o núcleo considerado como aquilo que o pensamento criou e que veio a se tornar permanente, ou melhor, que atribuiu a si mesmo a qualidade de permanência.

Questionador: O senhor pode fazer isso na privacidade do pensamento.

K: Se estiver sozinho, você pode fazer isso, mas, se estiver com outros, você não pode viver uma vida sem controle — é assim? Não sei se você entendeu o que eu acabo de dizer. Que se você estiver sozinho, talvez possa fazer isso; mas se tiver que conviver com outros, você não pode fazer isso. Quem são os outros? Pelo pensamento criamos a distinção entre o "eu" e o "você", mas na realidade você é eu, eu sou o mundo, e o mundo sou eu, o mundo é você. Eu não sei se você compreende isso.

Q: Isso não é verdade.

K: Eu acho que seria mais adequado você usar a palavra *incorreto* em lugar de dizer que não é verdade. Corrigir significa cuidar; vem da palavra *cuidado*, acurado; acurado significa cuidado. Você afirma que isso não é assim. Vamos examinar. Basicamente, quer você viva na América, na França, na Rússia, na China ou na Índia, somos todos o mesmo — temos os mesmos sofrimentos, a mesma ansiedade, o mesmo pesar, a mesma arrogância, as mesmas incertezas. Em termos de ambiente ou cultura, podemos ter diferentes estruturas e, portanto, agir de forma superficialmente diferente; mas na essência você é o mesmo homem, não importa quais sejam as fronteiras.

Q: Eu preciso de privacidade.

K: Oh, você ainda quer privacidade. E o que o impede? Não compreendo esse problema. Se você diz: "Eu quero privacidade", você está afirmando que quer ficar fechado numa casa, num jardim, com um muro em volta, ou cercado de modo a não se machucar. Então você diz: "Eu preciso de um muro em volta de mim para não me machucar."

Como estávamos dizendo, no campo da realidade, o que vem ocorrendo na verdade é o conflito e a dualidade — conflito entre pessoas, conflito entre nações, conflito entre ideais, conflito entre crenças, conflito entre estados, armamentos — todo o campo da realidade é isso. Não é ilusão, *maya*, como diriam os hindus. Em sânscrito, *ma* significa medida, de modo que eles dizem que no campo da realidade existe sempre medida, e portanto isso é ilusório porque medida é questão de pensamento, medida é questão de tempo, daqui até ali, e assim por diante. Eles dizem que isso é ilusão.

Mas o mundo que eles querem também é uma ilusão criada pelo pensamento.

Sendo assim, no campo da realidade, pode alguém viver sem nenhum controle? Não se trata aqui de permissividade, nem de fazer o que você quer, pois isso é infantilidade. Porque você jamais poderá fazer tudo o que quer. Será possível viver uma vida sem sombra de conflito?

Q: Parece que, quando temos consciência de todos esses processos que o pensamento procura controlar, isso gera conflito, e em seguida controlar o pensamento produz mais conflito. Então, por que controlar?

K: Não, senhor; permita que eu me aprofunde um pouco mais. Você já teve oportunidade de tentar agir sem controle? Ou já soube fazê-lo? Você tem apetites — sexuais, sensoriais. Viver com esses apetites, sem ceder a eles, sem controlá-los ou suprimi-los, mas ter esses apetites e fazê-los cessar assim que eles surgem? Já brincou disso — não, não "brincou" disso, já fez isso?

Q: Isso é impossível.

K: Não, senhor, eu mostrarei. Nunca afirme que não pode; a mente humana pode tudo. Já fomos à Lua; antes deste século diziam que isso era "impossível", mas fomos à Lua. Tecnologicamente é possível fazer qualquer coisa; então por que não psicologicamente? *Descubra*; não se limite a dizer: "Não posso, é impossível." Veja, examine isso passo a passo e perceberá. Você vê uma linda casa, um jardim adorável: nasce um desejo. E como cresce o desejo? Qual a natureza do desejo? E como ele cresce? Vou mostrar. Há a percepção visual da casa com um lindo jardim; arquitetonicamente ela é linda, de grandes proporções, cores maravilhosas, e você a vê. Em seguida, a visão é comunicada ao cérebro; há então a sensação; da sensação vem o desejo; e vem o pensamento e diz: "Eu preciso ter essa casa", ou "Eu não posso tê-la". Não sei se você observou tudo isso. Então o início do desejo é o início do pensamento. O pensamento é tanto físico quanto químico. Existe a percepção da casa, a sensação, o contato, se você a toca, o desejo e o pensamento. Isso acontece sexualmente, visualmente, psicologicamente, intelectualmente.

Existe essa bela casa, a visão, a sensação, o desejo. Pode o desejo terminar, não progredir com pensamentos como possuir e assim por diante? Percepção, sensação, desejo e... fim. Nenhum pensamento surge e diz: "Eu preciso" — nisso não existe controle. Eu estou perguntando se você pode viver uma vida no mundo da realidade sem controle. Toda ação nasce de um desejo, de um motivo, de uma meta, de um fim. Por certo isso é bem simples, não é verdade?

Você come uma boa e saborosa omelete; então o que sucede? O cérebro registra o prazer e pede que o prazer seja repetido amanhã. Mas a omelete jamais será a mesma. O que estamos tentando mostrar é isto: saborear apenas, sem que isso fique registrado como um desejo, uma recordação.

Q: Não somos rápidos o bastante para impedir o pensamento.

K: Aprenda, então. Vamos saber *sobre isto* e não *como fazer isto*. Veja, a mente ou o cérebro da pessoa é tradicional. Você está sempre dizendo: "Eu não posso, diga-me o que fazer" — este é o padrão da tradição. O que estamos dizendo é bastante simples: ver, sentir, desejar. Você pode perceber o movimento disso em você mesmo, não é verdade? Quando você vê um belo carro, uma linda mulher, um homem bonito ou o que quer que seja, surgem a sensação e o desejo. Esteja atento para observar isso, e você verá, à medida que observa, que o pensamento não tem lugar.

Estou sugerindo que no campo da realidade o conflito é a verdadeira natureza dessa realidade. Assim, se houver em você compreensão, mudança radical, se houver o fim do conflito no ser humano, então isso afetará toda a consciência do homem, porque você é o mundo e o mundo é você. A sua consciência com o seu conteúdo é o conteúdo do mundo.

E agora pergunto: pode um ser humano viver no mundo da realidade sem conflito? Porque, se não puder, então a verdade torna-se uma fuga da realidade. É fundamental, pois, que ele compreenda todo o conteúdo da realidade, como opera o pensamento, qual a natureza do pensamento.

O campo da realidade é tudo aquilo que o pensamento agrupou, de modo consciente ou inconsciente, e o conflito é um dos maiores sintomas dessa realidade, uma doença dessa realidade — o conflito entre indivíduos, entre classes, entre nações, entre você e eu. Conflito, externa e internamente, é conflito entre o núcleo que o pensamento criou e o pensamento propriamente dito, porque o núcleo acha que está separado do pensamento. Há um conflito de dualidade entre o núcleo e o pensamento; e disso resulta a necessidade de controlar o pensamento, de controlar o desejo.

Será possível viver uma vida na qual não haja controle? Eu uso com cuidado a palavra *controle*, que não significa fazer o que você quiser, permissividade ou todas as extravagâncias modernas que se tornaram vulgares, estúpidas, sem sentido. Estamos usando a palavra *controle* num sentido bastante diferente. A pessoa que quer viver em completa paz precisa compreender a questão do controle. O controle é entre o núcleo e o pensamento — pensamento que assume diferentes formas, diferentes objetos, diferentes movimentos. Um dos fatores do conflito é o desejo e sua satisfação. O desejo surge quando há percepção e sensação. Isso é bastante simples e claro. Mas a mente pode ter plena consciência desse desejo e pôr um fim a ele sem antes colocá-lo em movimento?

Q: Não existe registro no cérebro na forma de memória que então dá vitalidade e continuidade ao desejo.

K: Está certo. Eu não sei se vocês percebem bem isso. Vejo um belo quadro e a resposta é tê-lo para mim. Ou eu posso não ter essa resposta, posso apenas olhar para ele e ir embora; mas se existe a resposta de possuí-lo, então a sensação de desejo fica registrada no cérebro e o cérebro pede a posse e o desfrute do quadro. Bem, mas alguém pode olhar o quadro, ter o desejo e pôr fim a ele? Por favor, experimente; isso é muito simples assim que você compreende todo o movimento.

Q: Eu não percebo que tenho um desejo a não ser depois. Em outras palavras, não há um registro na minha mente que me diga que estou tendo um desejo.

K: Dissemos que o conflito parece ser a natureza do mundo da realidade. E estamos tentando descobrir se é possível viver sem conflito. E dissemos que o conflito surge quando há dualidade, o "eu" e o "você", o núcleo criado pelo pensamento e o pensamento propriamente dito. O núcleo tenta controlar, moldar o pensamento. E nisso reside todo o problema do conflito. O desejo surge com a sensação — com a percepção sensorial. E a percepção sensorial de situações objetivas envolvendo crenças é ilusão. Eu posso acreditar que sou algo que não sou; portanto, há o problema do conflito. Será então possível viver a vida sem conflito algum? Não creio que já tenham feito a si mesmos essa pergunta. Ou vivemos no mundo da tradição e aceitamos o mundo, o conflito, como inevitáveis?

Q: Eu não estou consciente de que vivo em conflito.

K: Está bem, então você diz: "Não estou consciente de que vivo em conflito." Estamos discutindo juntos a questão da realidade e da verdade. Foi assim que isto começou. Dissemos que, a menos que você compreenda toda a natureza da realidade com suas complexidades, o mero inquirir quanto ao que vem a ser a verdade é uma fuga. E estamos dizendo que olharemos o mundo da realidade, o mundo da realidade que o pensamento — e nada mais — criou. Nesse mundo da realidade, o conflito é o movimento da vida. Sentado aqui, eu posso não estar consciente desse conflito, mas de modo inconsciente, bem lá no fundo, o conflito está acontecendo. Isso é bastante simples.

O conflito assume diversas formas, que podemos chamar de nobres ou indignas. Se um homem tem ideais e procura viver de acordo com esses ideais — o que é um conflito — nós o chamamos de maravilhoso, de um ser humano muito bom. Esses ideais são projetados pelo pensamento. E o núcleo persegue isso; portanto existe conflito entre o que é ideal e o que é verdadeiro. Isso é o que vem ocorrendo no mundo ditatorial e da tirania. Alguns poucos sabem o que acreditam que é direito e os demais devem segui-los. Acontece assim o tempo todo. E o mesmo se dá com respeito à autoridade — a autoridade do médico, do cientista, do matemático, do homem informado e do homem desinformado. O discípulo quer atingir o que o guru possui, mas o que este possui pertence ainda ao mundo da realidade. Ele pode falar acerca da verdade, mas ele vive no mundo da realidade, usando os métodos da realidade, que são a divisão entre ele e o discípulo. Isso é tão óbvio...

De Verdade e Realidade, *Saanen, 25 de Julho de 1976*

Questionador: Haverá necessidade de um motivo no mundo dos negócios? Qual o verdadeiro motivo de ganhar a vida?

Krishnamurti: O que você acha que seja o modo certo de ganhar a vida? Não o que é mais conveniente, não o que é mais lucrativo, agradável ou rentável; mas qual o modo certo de viver? Bem, mas como descobrir qual o modo certo de viver? A palavra *certo* significa correto, exato. Não pode ser exato se é feito visando lucro ou prazer. Esta é uma questão complexa. Tudo aquilo que o pensamento agrupou é realidade. A tenda sob a qual nos reunimos foi produzida pelo pensamento; mas é uma realidade. As ilusões são realidade — as ilusões que a pessoa tem, a imaginação, tudo isso é realidade. E a ação que é fruto dessas ilusões é neurótica, o que também é realidade. Assim, quando você faz a pergunta: "O que é o viver correto?", é indispensável que você compreenda o que é a realidade. Realidade não é verdade.

Bem, mas qual o modo correto de agir nessa realidade? E como descobrir o que é certo nessa realidade? — descobrir por você mesmo, não ouvir de alguém. Isto é, precisamos descobrir o que vem a ser ação correta, exata, certa, no mundo da realidade, e a realidade inclui ilusão. Não fujam, não tentem afastar-se, a crença é ilusão, e as atividades da crença são neuróticas; nacionalismo e todo o resto são outra forma de realidade, mas são ilusão. Assim, levando em conta tudo o que é realidade, qual é a ação correta?

Quem irá lhes dizer? Ninguém, é óbvio. Mas quando você vê a realidade sem ilusão, a própria percepção dessa realidade é a sua inteligência, não é mesmo? E nela não há mistura de realidade e ilusão. Assim, quando existe a observação da realidade, da realidade da árvore, da realidade da tenda, realidades que o pensamento produziu, inclusive visões e ilusões, quando você vê toda a realidade, a própria percepção disso é a sua inteligência. Sendo assim, a sua inteligência lhe diz o que você fará. A inteligência serve para perceber "o que existe" e "o que não existe" — perceber "o que existe" e enxergar a realidade do "o que existe", o que significa que você não tem nenhum envolvimento psicológico, nenhuma exigência psicológica, que são todas formas de ilusão. Ver tudo isso é inteligência; e a inteligência estará em ação onde quer que você esteja. Portanto, ela lhe dirá o que fazer.

Então, o que é a verdade? Qual o elo entre a realidade e a verdade? O elo é a inteligência que vê a totalidade da realidade e que, portanto, não a transporta para a verdade. E a verdade, então, por meio dessa inteligência, opera dentro da realidade.

Diálogo em Brockwood Park, 28 de Junho de 1979

Walpola Rahula: Eu gostaria de fazer uma pergunta. Todos nós falamos sobre a verdade, a verdade absoluta, a verdade definitiva, e sobre a forma de vê-la e verificá-la; nós falamos sempre sobre isso. De acordo com os ensinamentos de Buda, esses pontos são importantes e centrais, são mesmo a essência. E Buda diz claramente que só existe uma verdade, e não existe uma segunda. Mas isso nunca é definido em termos positivos. Essa verdade é também equiparada ao nirvana. Os termos *definitiva* ou *verdade absoluta* são usados como sinônimos de nirvana.

O nirvana nunca é definido, a não ser em termos bastante negativos. Se for descrito em termos positivos, isso é feito quase sempre de forma metafórica, simbólica. E, como você sabe, havia o ensinamento original e autêntico de Buda, chamado Theravada, a "tradição dos mais velhos". Em seguida, por volta do século I a.C. o Mahayana, um desenvolvimento posterior, começou a crescer, como interpretação livre do ensinamento de Buda. E há um lindo texto Mahayana chamado "o ensinamento de Bodhisattva Vimalakirti". Num grande encontro entre Bodhisattvas e discípulos em sua casa, foi feita a pergunta: "O que vem a ser a não-dualidade?" Ou seja, a não-dualidade é outro termo para designar a verdade absoluta ou nirvana. Em sânscrito, chama-se *advaya.*

Krishnamurti: Advaita, em sânscrito.

WR: Não, *advaita* é diferente de *advaya*. Na terminologia budista, *advaya* não significa nem existência nem não-existência. O budista afirma: "O mundo é dualidade"; isso significa que ou é ou não é, ou existe ou não existe, ou é certo ou é errado. Isso é *advaya*, segundo o ensinamento budista. Buda diz que o mundo depende disso. Mas Buda ensina sem cair nesse erro. A pergunta era: "O que é *advaya*?" E há 32 definições. Então a assembléia pede a opinião de Vimalakirti. E o sutra diz — isso é muito interessante — que Vimalakirti respondeu à pergunta com um profundo silêncio.

K: Certo.

WR: Se você fala, não é não-dualidade. Certa vez, quando eu dava uma série de palestras em Oxford, um professor me perguntou: "Você pode formular essa não-dualidade ou verdade?" Eu respondi que no momento em que você formula isso já não é não-dualidade; torna-se dualidade no momento em que você formula. Assim, da mesma forma como eles me perguntaram há tempos, eu pergunto hoje: "O que é a verdade, o que é a verdade absoluta, o que é a verdade definitiva e o que vem a ser a não-dualidade tal como você a vê?" Diga-nos. É um desafio.

K: O senhor acha que existe diferença entre realidade e verdade? E será a verdade mensurável por palavras? Se pudéssemos distinguir entre o que é realidade e o que é verdade, então talvez pudéssemos penetrar mais fundo nesta questão.

O que é realidade? A palavra *res* significa coisa. O que é a coisa? Poderíamos afirmar que tudo aquilo que o pensamento criou é realidade — inclusive as ilusões, os deuses, os diversos mantras, os rituais, todo o movimento do pensamento, o que ele produziu no mundo, as catedrais, os templos, as mesquitas e seu conteúdo? Isso é tão real quanto este microfone — foi produzido pelo pensamento, está aí, é verdadeiro. E a natureza não foi criada pelo pensamento. Ela existe. Mas nós, seres humanos, temos usado a natureza para produzir coisas, como casas, cadeiras e assim por diante. Eu quero dizer: a catedral maravilhosa, um lindo poema, um quadro magnífico, tudo isso é produto do pensamento. Poderíamos então dizer que tudo o que o pensamento criou, produziu ou reuniu é realidade?

Mary Zimbalist: Quando o senhor fala na beleza do objeto, está incluindo a qualidade de beleza como realidade ou o objeto em si mesmo, sendo a beleza talvez alguma outra qualidade? Ou está incluindo a idéia da beleza desse objeto nessa categoria?

K: Sim, ambos. Poderíamos então, senhor, dizer que a realidade, inclusive as ilusões que ela criou, bem como as coisas materiais que ela criou por meio do conhecimento tecnológico e assim por diante, poderíamos dizer que tudo isso é realidade?

WR: Sim. Posso acrescentar algo? De acordo com o pensamento budista, com o ensinamento budista, existe a verdade ou a realidade relativa.

K: Não vamos usar as palavras verdade e realidade, apenas...

WR: Está bem: vamos dizer realidade. A realidade é relativa e absoluta.

K: Claro.

WR: O que o senhor diz tem plena aceitação, isso é realidade.

K: Ou seja, tudo aquilo que o pensamento criou é realidade. Sonhos, todas as respostas sensoriais e sensuais, todo o mundo tecnológico, tudo o que o pensamento produziu — como literatura, poemas, pinturas, ilusões, deuses, símbolos — isso tudo é realidade. Vocês aceitariam isso?

Feroz Mehta: Sim, mas a palavra *realidade* tem uma conotação, um significado original. E através dos séculos as pessoas tiveram a tendência de falar da realidade mais em termos de uma de suas conotações de realidade definitiva.

K: Eu sei; mas eu gostaria de separar as duas — verdade e realidade. De outra maneira, misturaremos os termos o tempo todo.

FM: De acordo.

Scott Forbes: O senhor está incluindo a natureza na realidade?

K: Não; aquela árvore não foi criada pelo pensamento. Mas com ela o homem pode fabricar cadeiras e assim por diante.

SF: Existe, então, uma terceira categoria de coisas que não é nem verdade nem realidade? Ou o senhor está chamando de natureza...

K: A natureza não é criada pelo pensamento. O tigre, o elefante, a gazela, o veado — eles sem dúvida não foram criados pelo pensamento.

WR: Isso significa que o senhor não encara a árvore como realidade.

K: Eu a encaro como realidade; sem dúvida ela é realidade, mas não foi criada pelo pensamento.

WR: De acordo. O que o senhor quer dizer, então, é que a realidade é constituída apenas por tudo aquilo que foi criado pelo pensamento?

K: Isso mesmo.

WR: Claro, essa é a sua própria definição.

K: Não, o que eu estou procurando fazer é deixar clara a compreensão que temos dos dois termos: *verdade* e *realidade*.

WR: Sim, compreendo; deixar o termo *verdade* para outra finalidade.

K: Para outra finalidade, não; vamos olhar a realidade — o que é realidade? O mundo é realidade.

WR: É.

K: Estas lâmpadas são realidade. Você, sentada aí, aquela pessoa sentada ali são realidades. As ilusões que a pessoa tem são uma realidade verdadeira.

MZ: Mas, senhor, as pessoas sentadas ali não são criadas pelo pensamento.

K: Não.

MZ: Poderíamos definir, quem sabe, outra categoria para as criaturas vivas, a natureza, as árvores, os animais, as pessoas?

K: Um ser humano não é criado pelo pensamento. Mas o que ele cria...

MZ: Sim; portanto a categoria de realidade a que o senhor se refere é feita pelo homem, em certo sentido.

K: Feita pelo homem. Como a guerra é uma realidade. O senhor parece hesitar um pouco sobre isso.

FM: Será que poderíamos tomar por realidade tudo aquilo que é apreendido pelos sentidos e em seguida interpretado pelo cérebro?

K: Isso está certo, senhor.

SF: A certa altura, falamos numa distinção entre realidade, que é tudo o que é produzido pela mente, e objetividade, que é tudo o que pode ser apreendido pela mente, tudo o que existe no tempo e no espaço.

K: Sim.

SF: E existe também a verdade. Bem, mas a realidade era parte da objetividade. Em outras palavras, a árvore era objetividade, não uma realidade.

K: Por que o senhor quer separar...

SF: Porque senão torna-se confuso; porque, se dizemos: "Olhe, você e eu, como pessoas, não fomos criados pelo pensamento, não somos realidade."

K: O senhor quer separar realidade, objetividade e verdade, certo?

SF: Bem, eu digo isso apenas como a definição conveniente das palavras que usamos anteriormente.

K: Poderíamos dizer que o fato objetivo é o que está acontecendo agora?

FM: Sim, essa é uma boa maneira de definir. O ponto que surge é o seguinte: seremos capazes de apreender a totalidade do que está acontecendo agora? Em geral, apreendemos apenas uma parte.

K: Sim, mas este é um ponto diferente; poderemos abordá-lo depois. Mas o que está ocorrendo é o fato objetivo. Isso é tudo. E não se o compreendemos, ou o compreendemos em parte ou no todo, e assim por diante. O que está acontecendo é o fato objetivo.

FM: Sim, isso é o fato.

K: Isso é um fato. Então, o que dizem disso?

WR: Eu continuo a hesitar. Vou esperar para ver mais.

K: Neste momento, a questão não é saber se a mente pode ver o fato objetivo, completo ou incompleto. A questão é se a mente pode apreender, perceber, observar, e ver que a partir da realidade não se pode atingir a verdade.

Stephen Smith: Este, provavelmente, é um salto enorme.

K: Poderíamos apresentar a questão em outros termos. Como o senhor observou, todas as respostas sensoriais são o início do pensamento. E o pensamento, com todos os seus movimentos complexos, é o que se passa agora enquanto estamos conversando. E o que está acontecendo é o fato objetivo, e a interpretação ou a compreensão do que está acontecendo depende do pensamento. Tudo isso, até mesmo as ilusões e tudo o que as envolve, é realidade.

FM: Sim, é isso.

K: Se concordamos ou aceitamos isso por enquanto, surge a seguinte questão: a mente, que é o emaranhado de todos os sentidos, de fatos concretos etc., pode apreender, ver, observar o que é a verdade?

FM: Sim, desde que ela tenha se libertado de todos os seus condicionamentos.

K: Chegarei logo a isso. Mas esse é o problema. Para descobrir o que é a verdade absoluta, o pensamento precisa ser compreendido. Temos de observar e penetrar em todo o movimento e natureza do pensamento, descobrindo seu lugar relativo. Com isso a mente adquire uma quietude absoluta e, nessa quietude, talvez a verdade seja percebida, o que significa não ser medida por palavras.

FM: Sim, concordo com isso.

WR: Eu também concordo.

K: Bem, existem esses dois pontos: o ser humano está preso ao movimento do pensamento; e o movimento projeta o que é a verdade.

FM: Esse é o engano que o homem comete.

K: Claro. Ele projeta disso para aquilo, esperando descobrir o que é a verdade. Ou projeta o que ele pensa que é a verdade. E a verdade pode ser traduzida em palavras diferentes — Deus, Brahma, como é chamado na Índia, nirvana, moksha, tudo isso. Nossa questão seguinte, então, seria: a mente pode parar de medir?

FM: Ou seja, a mente, tal como funciona no presente, em cada um de nós como indivíduo.

K: Como seres humanos. Medir faz parte de todo o nosso condicionamento educacional, ambiental e social. Concordam?

WR: Sim.

K: Então, o que vem a ser medir?

FM: Limitar.

K: Não, o que é medida, o que é medir? Eu posso medir um pedaço de pano, ou a altura da casa; eu meço a distância daqui até determinado lugar, e assim por diante. Medir significa comparar.

SS: Bem, há também uma medida psicológica em tudo isso.

K: Sim, existem as medidas físicas e psicológicas. A pessoa se mede, em termos psicológicos, em relação a outra. Quer dizer: existe o constante medir por comparação, tanto externa quanto internamente. Eu estou fazendo uma palestra — o que está acontecendo?

WR: Bem, eu lhe faço uma pergunta. Assim como eles fazem as perguntas a Vimalakirti, eu pergunto ao senhor.

K: Qual é a pergunta?

WR: O que é não-dualidade? O que é a verdade?

K: Enquanto o pensamento continuar medindo, haverá dualidade.

WR: Perfeito, isso é um fato. É assim.

K: Agora, qual a origem desse condicionamento? O senhor está compreendendo? De outra forma, não sairemos disso. O movimento constante de medir, comparar, imitar — sabe, todo o movimento de medir —, por que o homem se deixou enredar nele?

WR: Toda medida baseia-se na individualidade.

K: Sim, mas como ela surgiu? Por que os seres humanos, onde quer que eles vivam, estão condicionados por essas comparações? O que se quer saber é a origem dessas comparações. O senhor está compreendendo?

SS: Parte disso parece ser fruto da observação, pois observamos a dualidade da vida em termos de dia e noite, de homem e mulher, a mudança das estações e tudo o mais em que parece haver um contraste, em que há um contraste aparente. Assim, é quase um passo natural afirmar que existe uma espécie de contraste ou comparação que se aplica à própria vida do homem.

K: Existe escuridão e claridade, trovão e silêncio.

Parchure: Parece que o pensamento precisa de um ponto fixo para medir, embora ele mesmo esteja em constante movimento. Como num estado de fluxo ou movimento contínuo, ele não pode medir, ele cria um ponto fixo que é imóvel, que é tomado por núcleo da individualidade. Somente a partir dele é que se pode medir.

K: Perfeitamente. Eu quero dizer, as próprias palavras *better* [melhor], *greater* [maior], em inglês, representam medições. Assim a própria linguagem está envolvida em medições. Agora, é preciso descobrir qual é a fonte deste medir, o motivo de o homem usar isso como meio de vida. Podem-se ver a noite e o dia, a montanha alta e os vales baixos, um homem alto, um pequeno, a mulher, a criança, um velho — fisicamente existem todos esses estados de medição. Existem também medições psicológicas, e destas é que estou falando, bem mais do que sobre o mero movimento de medir a distância etc. Por que o homem se prendeu a essas medições?

SS: Provavelmente, ele acredita que essa é a forma de avançar em determinado sentido porque, se você é fazendeiro e faz a plantação de uma maneira e obtém um resultado fraco, no ano seguinte você planta de forma diferente e obtém um resultado melhor.

K: Sim, então é o tempo. Prossiga, senhor, avance um pouco mais.

SS: Isso inclui a capacidade de refletir, de ter experiência, de refletir acerca da experiência, de produzir algo melhor em função dessa experiência em termos de, provavelmente, uma noção estabelecida do que é o bom, do que é a melhor coisa a possuir, ou de qual a situação correta das coisas.

K: Claro, mas eu gostaria de avançar nisto um pouco mais. Ou seja, por que o homem transformou o tempo num meio de progresso? Estou falando em termos psicológicos, não do tempo necessário para aprender uma língua, para desenvolver certa tecnologia etc.

P: Talvez a necessidade da segurança de pensar por si mesmo.

K: Não, o tempo, que é sua medida.

FM: Acredita que nossa tendência é, partindo dos fatos, os fatos físicos da diferença, em tamanho, em quantidade e assim por diante, aplicar isso por analogia ao processo psicológico?

K: Sim, é aí que eu quero chegar. Ou, sem medidas não haveria tecnologia.

FM: Certo.

Narayan: Na ciência e na matemática, à medida que elas progridem, as medições vão ficando cada vez mais precisas, e cada aprimoramento representa mais um passo no progresso, nos computadores e tudo o mais. Em certo sentido, medição e precisão de medidas levam a determinado tipo de progresso na ciência e na tecnologia.

K: É claro.

WR: Mas não estamos falando de medições físicas, mas de medições psicológicas.

K: Sim. Por que o homem usou o tempo psicológico como meio de crescimento, de valorização de si mesmo? Ele chama isso de "melhorar", de ficar mais nobre, adquirir ilustração. Tudo isso demanda tempo.

N: Será que, segundo diz Mehta, ele é levado da vida do dia-a-dia com suas medições físicas para o campo psicológico? Será transposto ou existirá no campo psicológico sem nenhuma referência ao outro?

K: Isso é o que estamos examinando: a existência ou não de qualquer evolução psicológica.

SF: Poderíamos afirmar que começamos a aplicar as medições no campo psicológico, por hábito, porque é o que fazemos no campo físico; porém, poderíamos também ter feito a transposição porque é confortável pensar que eu me veria numa confusão agora, mas depois estaria bem.

K: Certamente. Vamos deixar isso bem claro. No nível tecnológico e físico, precisamos do tempo. Precisamos de tempo para aprender um idioma, para construir uma casa, para ir daqui para ali, ou para desenvolver uma tecnologia ou ciência; para tudo isso precisamos de tempo. Vamos deixar isso bem claro. Minha pergunta, entretanto, é outra. Nós precisamos de tempo, de alguma forma, em termos psicológicos?

WR: O que é que cria o tempo?

K: O pensamento; pensamento é tempo.

N: Então não terá o pensamento algo a ver com tudo isso?

K: É isso o que estamos dizendo: tempo é movimento. Então o pensamento é movimento; tempo é movimento daqui para lá; a pessoa tem cobiça, inveja; é preciso tempo para ficar livre disso. Distância física e distância psicológica. O que se questiona é se isso não é ilusão — não a distância física, mas a distância psicológica. Para resumir, existirá, em termos psicológicos, o amanhã?

FM: Apenas em termos de antecipação.

K: Ah, porque o pensamento diz: "Eu espero que sim."

FM: E acrescentando-se ao pensamento há o fato da nossa experiência física, do dia e da noite, e por conseguinte as palavras *amanhã* e *hoje*.

K: Há o ontem, o hoje e o amanhã; isso é realidade, isso é também medição. Mas o que estamos indagando é se existe mesmo o tempo psicológico, ou se o pensamento inventou o tempo, o tempo psicológico, de modo a sentir que pode atingir ou viver em alguma forma de segurança.

WR: O que é o tempo?

K: Tempo, senhor, é movimento.

WR: Sim, tempo não é mais do que a seqüência interminável de causa e efeito. Isso é movimento.

K: Movimento, dissemos. Causa, efeito, efeito tornando-se a causa e assim por diante.

WR: Isso é tempo. Damos o nome de *tempo* a esse movimento.

K: Sim, que é movimento. São agora cinco minutos depois das doze, é um movimento até que se chegue à uma hora. Este é um aspecto do tempo. E também o aspecto do tempo que é daqui para ali, distância física. Eu preciso ir a Londres e leva tempo para chegar lá.

WR: Sim, essa é outra concepção de tempo.

K: De outro tempo. Estamos examinando as diversas facetas do tempo.

WR: Sim, de outro tempo.

MZ: Senhor, eu diria que o pensamento por si só implica tempo, porque a ação da mente para consultar o pensamento, percorrer todo o processo do pensamento leva tempo, mesmo que seja bem rápido, um lapso curtíssimo de tempo?

K: Sem dúvida, porque o pensamento é a resposta da memória, e memória é tempo. Vamos nos ater a um aspecto, qual seja, existe o tempo físico, ontem, hoje e amanhã, tempo como movimento.

FM: O que chamamos de tempo cronológico.

K: Vamos chamar isso de tempo cronológico. Tempo também para distância. Tempo também para causa e efeito — árvores e frutos. Para escalar a montanha é preciso tempo. O que estamos afirmando, então, é que existe o tempo em termos físicos. Fisicamente, o bebê cresce e vira homem, e assim por diante. O tempo então é necessário, o tempo existe. Isso é algo objetivo, isso é real. O que estamos perguntando é se, em termos psicológicos, existe tempo. Ou se o pensamento não teria inventado o tempo de modo a alcançar segurança ou se ele não seria bastante preguiçoso para modificar-se totalmente. Neste caso, ele diz: "Preciso de tempo." Precisa de tempo para ficar psicologicamente forte. Dê-me tempo em termos psicológicos de modo que eu possa me livrar da minha raiva, do meu ciúme ou do que quer que seja, e eu ficarei livre disso. O tempo usado como um meio de atingir algo em termos psicológicos.

MZ: Mas então é preciso examinar o uso da palavra *psicológico* nesse contexto, porque, se há um processo de pensamento envolvido e dissemos que o tempo está implícito no pensamento, como pode a pessoa estar psicologicamente sem pensamento?

K: Vamos chegar a isso.

MZ: Será que o reino psicológico nesta discussão está fora do pensamento, ou é parte do pensamento, ou poderia ser um ou outro?

K: Mas a psique, não é toda ela agrupada pelo pensamento?

SS: Parece que existe aqui uma questão a ser resolvida; será que é ou não é?

K: Eu estou perguntando, senhor. Vamos devagar. Não seria toda a psique o "eu"?

SS: Seria isso a psique?

K: Não é? O "eu" é o que eu penso, o que eu quero, o que eu não quero, e assim por diante; todo o movimento que gira em torno do "eu" é agrupado pelo pensamento.

MZ: Se isso é assim, seria possível o tempo não estar envolvido em algum movimento psicológico?

K: Vamos chegar aí. Antes eu quero estar certo de que nossas questões foram compreendidas.

N: O senhor faria distinção entre esperança e aspiração, porque muitas pessoas dizem que aspiram a algo nobre, mas ter esperança é...

K: Aspirar é tempo. Ter esperança também é tempo.

N: Mas na aspiração parece que existe a idéia de algo muito correto.

K: Eu aspiro a me tornar Deus — é bem tolo isso.

N: Em todo o mundo religioso existe aspiração. O senhor diria isso?

WR: Por certo; nas tradições religiosas há sempre aspiração. O que estamos discutindo, penso eu, é se se pode ver a verdade sem pensamento ou tempo, se enxerga a verdade de imediato, neste instante, ou se posterga isso até tornar-se melhor.

K: Ah, não!

WR: Essa é a questão.

K: Ou seja, no momento em o senhor introduz a palavra *melhor*...

WR: É isso o que eu estou dizendo. A verdade é algo que a gente vê de imediato.

K: Não, ainda não chegamos à verdade. Vamos com cuidado; senhor, eu não quero entrar no mundo da verdade ainda. O que se deseja é deixar claro se o pensamento é lógico, sadio e racional, ou se ele chega a uma conclusão ilusória. O que se deseja é examinar toda a natureza do tempo, em termos psicológicos. Eu estou me limitando a isso. Se em termos psicológicos não existir amanhã, toda a nossa ação é diferente. Mas em termos psicológicos, dizemos: amanhã é importante. Amanhã farei isso, amanhã espero mudar psicologicamente. Estou questionando isso porque todas as nossas aspirações, a nossa esperança, tudo é baseado no futuro, que é tempo.

N: O senhor diria então que qualquer aspiração, por mais nobre que seja, está no campo da realidade.

K: No campo do pensamento, sim.

FM: Sim, porque é uma formulação.

K: Uma formulação do pensamento.

FM: Exato. Será que eu estaria certo se dissesse que o senhor pretende libertar-se do fator tempo totalmente, em termos psicológicos?

K: Sim, senhor. De outra forma, eu fico preso, a mente vive eternamente em círculos.

FM: Sim, isso é verdade. Estamos presos ao passado, àquilo que ficou fossilizado.

K: Justamente: o passado modificando o presente e extravasando para o futuro. O passado modificando-se e virando futuro é tempo. Assim, quando alguém diz: "Eu compreenderei", ou "Eu tentarei", tudo isso está envolvido no tempo. E eu ponho isso em dúvida, pois será apenas uma invenção do pensamento em seu próprio benefício — qualquer que seja o motivo —, e assim é ilusório; portanto, não existe amanhã.

FM: Em termos psicológicos.

K: É claro. Já dissemos isso com muita clareza. Se a pessoa tem inveja, a inveja é uma resposta sensorial, portanto o pensamento criou a inveja. Mas em geral dizemos: eu preciso de tempo para me livrar desta inveja.

FM: Sim, desde que percebamos que isso é inveja.

K: Oh, sim, eu tenho inveja, o senhor tem uma casa maior do que a minha, o senhor se veste melhor do que eu, tem mais dinheiro do que eu e tudo o mais; todos percebem a inveja, o ciúme, o antagonismo. Assim, haverá a possibilidade de que, sendo invejoso, eu fique livre disso no mesmo instante, e não permita que o tempo intervenha? A questão se resume nisso.

FM: Não será a inveja a reação física àquilo que é percebido através dos sentidos?

K: Sim, isso está certo.

FM: E não são as funções dos sentidos...

K: ...reais.

FM: Sim. Determinadas por condições físicas reais?

K: Sim. Sem dúvida.

FM: Sendo assim, as reações físicas se seguem à atividade dos sentidos. E isso inclui a motivação prazer/dor que existe no nosso íntimo.

K: Sem dúvida. O senhor está dirigindo um carro enorme. E eu, um carro pequeno; logo, existe aí uma comparação.

FM: Sim, surge a comparação, seguramente, em parte por causa daquilo que os outros colocaram diante de nós; que isto é melhor do que aquilo. Isto é mais agradável ou isto é menos agradável. Assim adquirimos um hábito psicológico.

K: Isso começa na infância. Você não é tão bom quanto o seu irmão nos exames, e todo o sistema de educação baseia-se nessa avaliação comparativa das capacidades da pessoa. Bem, estamos caminhando, veja, estamos saindo do...

WR: Sim.

SS: Sim, senhor, será que não caímos no fato de que tudo o que está envolvido em medição e pensamento não pode ficar livre da medição e do pensamento?

K: Em primeiro lugar, é indispensável tomar consciência da objetividade. Não basta dizer: "Sim, eu compreendi."

SF: Toma-se consciência disso com o pensamento?

K: Não.

SF: Então, como...

K: Espere, vamos chegar a isso devagar. Ficou claro que usamos o tempo em termos psicológicos e que o uso psicológico do tempo é ilusão? Em primeiro lugar, é fundamental deixar claro esse ponto. Eu atingirei os céus, eu me iluminarei, eu chegarei por fim, atravessando uma série de vidas, ou apenas uma vida, ao nirvana, ao moksha, tudo isso. E tudo isso é tempo psicológico. Estamos querendo saber se isso é ilusão. Será ilusão se for parte do pensamento.

SF: Certo. Nós não podemos, nós não usamos o pensamento de maneira a ver tudo isso.

K: Não, espere. Nós compreendemos, ainda que verbalmente?

SF: Mesmo com o pensamento?

K: Com o pensamento. A comunicação agora é feita, entre nós, por meio de palavras. Essas palavras foram se acumulando, e tudo o mais, e, a partir do momento em que ambos falamos em inglês, compreendemos o significado. Agora, será que vemos — vemos, não por meio de discussão, de explicação, de racionalização — que o pensamento criou esse tempo psicológico como forma de atingir algo?

MZ: Será que podemos ver isso ainda dentro do processo de pensamento, dentro do domínio do pensamento?

K: Calma, espere.

MZ: Será isso o ver de que o senhor vem falando?

K: Não, eu vou chegar lá. Estou chegando a isso devagar, eu quero chegar a isso devagar; caso contrário, não ficará claro. Está bem? Estão todos acompanhando o raciocínio, senhor, ou não?

WR: Eu estou.

K: E está correto assim, senhor?

WR: Isso eu não posso dizer ainda. Porque eu não sei aonde iremos chegar.

K: Eu também não sei! Mas isso é um fato.

WR: Sim, está certo. Isto é; eu estou observando.

N: Eu acho que há certa dificuldade em compreender o que o senhor está dizendo, porque existe na natureza maturidade e crescimento ao longo do tempo.

K: Já vimos isso, Narayan; não volte a isso.

N: Eu não estou voltando; mas, de modo inconsciente, a pessoa se identifica com isso. Existe maturidade e crescimento nos seres humanos ao longo do tempo, não é mesmo? Existe um certo tipo de maturidade ao longo do tempo.

K: Já dissemos isso.

N: Sim, e a pessoa fica presa a isso.

K: A pessoa fica presa a essa idéia de tempo como aprimoramento de si mesmo, não apenas física mas psicologicamente.

N: Eu não chego a dizer *aprimoramento de si mesmo,* mas maturidade. Um tipo de crescimento natural, comparando você com a natureza, como você vê por toda parte.

K: Sim, mas espere; o que o senhor quer dizer com maturidade? Podemos ter sentidos diferentes para a palavra *maduro*. A árvore está madura numa certa idade; um ser humano está fisicamente maduro numa certa idade. E há o queijo maduro!

N: Sim, o todo, o fruto que resulta do botão.

K: Sim, o fruto amadurece para ser colhido. E assim por diante. Mas existirá algum tipo de maturidade psicológica? Este é o ponto que eu quero discutir.

P: Talvez exista um fator de vida, de maturidade intelectual, que está no nível mental.

MZ: Dentro do mundo ilusório, em termos psicológicos, há certa maturidade, mas mesmo esta tem como base o pensamento e o tempo.

K: Sim, mas eu estou apenas indagando, Mary: será que compreendemos com clareza, mesmo que verbalmente, e portanto intelectualmente, que temos usado o tempo como catalisador psicológico para produzir mudanças? Certo? Eu questiono este catalisador.

FM: Eu posso perguntar, senhor. Quando o senhor diz: "Será que vemos que o tempo psicológico é ilusão?", o que precisamente o senhor quer dizer com a palavra *ver*?

K: Com a palavra *ver* eu quero dizer observar sem interferência do pensamento.

FM: Ou seja, estar plenamente consciente, estar completamente consciente de que o tempo, como um fato, é ilusão.

K: Sim, ver isso como eu vejo a cobra, e não tomá-la por uma corda.

FM: Não. O senhor concorda que isso implica uma completa mudança do nosso modo de percepção, de tomar consciência? Quando se está mesmo consciente de algo, não é preciso...

K: Um momento, espere. De novo, senhor, as palavras *consciência* e *consciente*...

FM: São palavras difíceis.

K: São palavras difíceis. Eu percebo isso — será que eu posso ver isso e não chamá-lo de microfone? Não chamá-lo de nada, mas ver a forma, apenas observar, sem nenhuma reflexão?

FM: Certo, sem dar um nome.

K: Sem dar um nome, sem mais nada, sem analisar.

FM: Em outras palavras, ver é ver por completo, quase no sentido de você ser aquilo que você vê.

K: Não, não. Isso seria dualidade; o senhor se tornaria o que o senhor vê. Não.

FM: O senhor não se torna o que o senhor vê no sentido de que está mergulhado nisso. Mas o senhor está desperto em termos de um todo unitário.

K: Um minuto, senhor. Essas também são palavras difíceis.

WR: Eu não acho que é isso o que ele quer dizer.

K: Senhor, observar implica — antes, vamos olhar para isso como em geral ele é compreendido — ao observar uma árvore, eu dou um nome para ela. Eu gosto ou não gosto dela, e assim por diante.

Mas o que entendemos por observar, por ver, é ouvir primeiro, e não fazer disso uma abstração, transformando-o numa idéia, e assim a idéia vê. Eu não sei se os senhores compreendem.

WR: Sim, sim.

K: Digamos, por exemplo, eu disse há pouco que em termos psicológicos não existe tempo; o tempo psicológico é invenção do pensamento, e pode ser uma ilusão. Ouçam isso agora sem interpretar, sem pensar no que querem dizer com isso, sem racionalizar ou dizer "Eu não compreendo", "Eu compreendo"; apenas ouçam. E do mesmo modo como ouvem, observem, vejam. O que o senhor está dizendo?

WR: Eu gostaria de lhe perguntar o que está tentando nos dizer.

K: Eu estou tentando dizer que a verdade não pode ser percebida ou vista por meio do tempo.

WR: Certo.

K: Espere um minuto, o senhor não pode concordar.

WR: Eu não estou concordando, eu estou ciente disso. Por isso eu estava esperando para lhe perguntar o que o senhor está tentando dizer.

K: Eu estou tentando dizer que — eu não estou tentando, eu estou dizendo!

WR: Sim, é claro, o que o senhor quer dizer.

K: Perdão. Eu estou dizendo que o homem, por meio da comparação com o mundo exterior, criou o tempo psicológico como um meio de atingir um fim desejado e compensador.

WR: Concordo.

K: Não; o senhor vê isso como um fato — um fato no sentido de que é assim?

SF: Será a destreza da mente que vê isso, a mesma destreza que vê a verdade?

K: Veja, Scott, em primeiro lugar o senhor ouve esta afirmação, não é mesmo?

SF: Sim.

K: Como é que o senhor ouve essa afirmação?

SF: Bem, de início eu apenas ouço.

K: Você ouve. Você faz uma idéia acerca dessa afirmação?

SF: Muitas vezes, depois, sim.

K: Não; este é um processo simultâneo. Você ouve e forma uma idéia, e a idéia não é a observação objetiva. É isso o que eu estou dizendo.

SF: Mas se existe essa...

K: Não, senhor; desde os gregos e os hindus, toda a nossa estrutura baseia-se em idéias. E estamos afirmando que a idéia não é o acontecimento objetivo, que é o ouvir objetivo.

FM: A idéia é apenas uma representação do ouvir objetivo.

K: Sim, o que não passa de uma evasão, de uma fuga da observação objetiva.

FM: Do fato imediato.

K: Sim, vendo ou ouvindo.

SS: Então deve haver algo de que estamos fugindo constantemente.

WR: Sem dúvida.

SS: Eu gostaria de sugerir, como estamos falando acerca do pensamento e das diversas formas que ele desenvolveu para criar algum tipo de independência ou libertação ou salvação ou redenção, que pode haver algum fator motivador que seja parte do pensamento, ou que pode haver um fator motivador que responde por isso, que pode ser a dor.

K: Sim, senhor, fugir da dor através da recompensa.

SS: Isso parece aplicar-se a todas as civilizações, da mais sofisticada à mais primitiva.

K: Sem dúvida. Porque todo o nosso modo de pensar baseia-se nesses dois princípios: prêmio e castigo. Nossa recompensa é a iluminação, Deus, o nirvana, ou como quer que o chamem, desde que longe da ansiedade, da culpa, de toda a dor da existência; vocês sabem, de todo o infortúnio.

FM: E não será possível ficar livre da idéia de recompensa ou de castigo?

K: É disso que eu estou falando. Enquanto a nossa mente pensar em termos de prêmio e castigo, isso será tempo.

FM: E por que a nossa mente pensa dessa forma?

K: Porque somos educados assim.

FM: Sim, é verdade.

K: Somos condicionados, desde crianças, desde os tempos dos gregos no Oriente, porque para eles as medidas eram importantes; caso contrário, não se poderia ter todo o conhecimento tecnológico.

FM: E o senhor diria que isso se dá devido ao fato de estarmos presos à idéia de um "Eu" separado? Supondo que a pessoa vê, ouve, toca etc., tudo em termos de totalidade, de percepção da totalidade?

K: É impossível tomar consciência da totalidade a menos que se tenha compreendido o movimento do pensamento, porque o pensamento em si mesmo é limitado.

FM: Pensamento, sim, é claro, como intrusão da autoconsciência na qualidade de algo separado. De outra forma, ele não estaria ali.

K: Senhor, como surgiu essa consciência de separação?

FM: Por condicionamento, em primeiro lugar.

K: Isso é bem óbvio.

FM: Eu, você, eu...

K: Certo, medidas.

FM: Medir, exato. E isso inevitavelmente transfere-se por analogia ao reino da psique, ao reino da mente...

K: É claro.

FM: ...ou o que quer que seja.

K: Chegamos então a este ponto. O senhor afirma que o tempo psicológico tem sido usado pelo homem como um meio de receber uma recompensa. Isso é bastante óbvio. E a recompensa está longe da dor que ele sentiu. Estamos então afirmando que a busca do prêmio, ou a conquista do prêmio, é um movimento do tempo. Mas haverá mesmo algo assim? Nós inventamos isso; pode ser ilusão. E a partir dessa ilusão eu não posso chegar à realidade — quero dizer, à verdade. Então a mente precisa estar completamente livre desse movimento de medir. Será isso possível?

FM: Numa resposta rápida, eu diria que sim.

K: Está bem. Quer o senhor diga que sim por conclusão lógica, por afirmação especulativa, por um desejo ou um conceito, ou porque é assim.

FM: Sim, há nisso uma *qualidade de certeza*. E se existe uma *qualidade de certeza,* com certeza é assim, então existe...

K: Então eu acredito que é assim, mas eu continuo na minha vida movendo-me na outra direção.

FM: Se a pessoa realmente vê...

K: Ah, é isso o que estamos dizendo.

FM: ...então a pessoa não segue na outra direção.

K: Então é disto que estamos falando: nós vemos ou *pensamos* que vemos?

FM: Certo.

MZ: Podemos voltar um pouco? O senhor disse que observa, que ouve a afirmação, e a observa. Na verdade, o que faz a mente nessa observação?

K: Por favor, permita-me apresentar essa idéia da seguinte maneira: eu insisto, não aceitem o que está sendo dito; descubram. Observação no sentido de ver sem dar nome, sem medir, sem um motivo, sem uma finalidade. Sem dúvida, isso é ver objetivamente. A palavra grega *idéia,* a própria palavra, significa observar.

MZ: Mas nós provavelmente concordaríamos com tudo isso. E o que estaria em ação neste momento? É um tipo de lógica, eu acho, na maioria das pessoas.

K: Não.

MZ: O que o senhor disse parece bastante evidente.

K: Observação implica silêncio, e não formar qualquer tipo de conclusão; apenas observar em silêncio, sem nenhuma resposta psicológica ou sensorial, a não ser que seja visual ou íntima, ou um *insight* sem as respostas da memória.

WR: Sem nenhum juízo de valor.

K: Isso mesmo.

FM: O senhor diria que isso implica uma total ausência de reação por parte do cérebro ou dos sentidos?

K: Isso mesmo, senhor... Espere, é perigoso falar aqui em cérebro. Porque neste caso precisaríamos entrar em toda a questão do cérebro, e por enquanto eu não quero fazer isso. Implica, no entanto, que o pensamento está absolutamente tranqüilo, em observação.

FM: Os cientistas, por exemplo, que têm inspirações novas e notáveis ou, de novo, os grandes artistas com suas criações magníficas — isso ocorre quando no seu íntimo tudo está em silêncio, o que permite o surgimento do novo, do novo, do verdadeiramente novo, o impulso da criação.

K: Sim, senhor, mas esse *insight* é parcial. O *insight* ou a percepção dos cientistas é parcial.

FM: Parcial, sim. Quer dizer, a formulação desse *insight.*

K: Ah, o *insight* do cientista não é apenas uma formulação, mas há o próprio fato do *insight,* pois *insight* implica toda uma transformação da vida diária; não se trata apenas de eu ser um cientista e ter um *insight* sobre a matemática, a matéria, o átomo. *Insight* implica a forma do homem viver como um todo.

WR: É justamente isso.

FM: E qualquer *insight* é uma manifestação particular com raízes nos antecedentes do todo.

K: Ah, não! Por esse caminho iremos parar em outro lugar. Eu não aceitarei — desculpe, não é que "eu não aceitarei", mas é confuso. Senhor, vamos falar um pouco sobre *insight* ou sobre ver. *Insight* implica uma observação na qual não existe a lembrança de coisas passadas; portanto, a mente está alerta, livre de quaisquer impedimentos e coisas desse tipo; ela apenas observa. Só assim o senhor tem um *insight.* E o *insight* de que estamos falando inclui toda a sua vida, não como cientista ou como artista. Eles têm *insights* parciais.

WR: Apenas um pequeno fragmento.

K: Um fragmento de *insight*; mas não é disso que estamos falando. Chegaremos lá.

WR: Estamos falando da existência como um todo.

K: Sem dúvida, da existência do homem.

FM: Sendo assim, nesse estado de observação de que o senhor vem falando, não existe nenhum tipo de reação.

K: É claro. Sem dúvida. Não se trata de uma reação de causa e efeito.

FM: Certo; não há causalidade.

K: Sem dúvida. De outra maneira, voltamos à velha causa como sendo um motivo e assim por diante.

WR: E ver dessa maneira está além do tempo. Está além do tempo; essa visão não sofre as limitações ou coerções do tempo.

K: E esse *insight* nada tem a ver com o tempo.

WR: Correto. E naturalmente não é nem causa nem efeito.

K: Sim. Mas, espere um minuto. Os senhores tiveram um *insight* acerca do tempo, essa invenção psicológica do pensamento, como modo de atingir um resultado? Os senhores tiveram um *insight,* ou isso ocorre apenas num nível verbal, ideológico?

WR: Ou é um fato que precisamos de um tempo psicológico para ver.

K: Não, senhor. Já abordamos esse assunto. O homem inventou o tempo, em termos psicológicos, para atingir determinado fim, ou meta, ou recompensa. Será possível ver isso como uma idéia, trata-se mesmo de uma idéia?

É bastante óbvio sim. Então, como é que o homem — este é o ponto — como é que o homem, o ser humano, pôde afastar-se totalmente disso, transformar todo esse conceito de idéia, de tempo? Eu afirmo que isso só é possível quando você tem um *insight* acerca de tudo isso, uma revelação que não envolve esforço, que não envolve concentração e tudo o mais. Essa é a verdadeira meditação.

FM: De fato, isso apenas acontece.

K: É meditação de verdade.

WR: Certo.

SF: Senhor, eu acredito que surge um dilema para a maioria das pessoas quando ouvem isso, e que é o fato de que, para ter esse *insight*...

K: Ah, o senhor não pode *ter* um *insight*.

SF: Bem, para que esse *insight* possa ocorrer, tem de haver um *insight* no pensamento. De alguma forma, parece um círculo vicioso.

K: Não. O pensamento, já dissemos, é a resposta da memória, e a memória é conhecimento, experiência. Portanto, o pensamento se move do passado, sempre a partir do passado; ele nunca está livre do passado.

SF: E dissemos que deve haver um modo de ver, de observar sem...

K: De ver isso.

SF: Exato. Bem, não podemos ver isso com o pensamento. Estávamos dizendo que deve haver um modo de ver, de observar, que é um *insight*...

K: ...no pensamento.

SF: ...no pensamento.

K: Espere. Pare um pouco. Vejamos: o pensamento é a resposta da memória. A memória, armazenada no cérebro através da experiência, tornou-se conhecimento. Então, o conhecimento é sempre passado. E disso surge o pensamento. Isso é irrefutável; quero dizer, é assim que acontece.

SF: É.

K: Agora, isso é uma idéia ou uma realidade objetiva que o senhor mesmo percebeu? Será que o senhor percebe que a ascensão do homem por meio do conhecimento não se dá dessa forma? O homem só pode ascender tecnologicamente, talvez, mas em termos psicológicos, se ele continua acumulando conhecimento, ele fica preso numa armadilha. Percebem isso? Ou transformam isso numa idéia e dizem: "O que o senhor quer dizer com isso?" etc.?

SF: Mas, senhor, para ver isso eu preciso ser livre.

K: Não, observe; primeiro o senhor ouve.

SF: Sim.

K: Ouve sem analisar, sem interpretar, sem gostar ou desgostar; apenas ouve. E se o senhor ouviu assim, então o senhor absorveu; absorveu o fato de que o pensamento é a resposta da memória. Então o senhor pode prosseguir. Mas pode o pensamento libertar-se de sua mãe, de suas raízes, de sua origem? Sem dúvida que não.

SS: Mas o pensamento pode estar consciente da própria atividade.

K: É claro. Já vimos isso.

MZ: O senhor diria que, se o *insight* nasce nesse momento, então ele não cai de novo no mecanicismo do pensamento?

K: Oh, não, é claro que não! Digamos, por exemplo, que o senhor tem um *insight* e passa à ação. Vamos ser bem claros. *Insight* significa ação instantânea; e não ter um *insight* e depois agir. O *insight*, ele próprio implica uma ação e você passa a agir. A ação é sempre correta; correta no sentido de acurada, precisa, sem nenhum arrependimento, sem nenhum esforço, sem nenhuma recompensa ou punição. É isso.

SS: Mas a ação não é necessariamente fazer alguma coisa. Pode ser não-ação em termos de fazer coisas externamente.

K: Talvez o senhor precise agir tanto externa quanto internamente. Se eu tenho um *insight* acerca do apego às idéias, apego às conclusões, apego às pessoas, apego ao meu conhecimento, à minha experiência — se eu tenho um *insight* acerca disso, tudo isso é abandonado.

WR: E permita-me dizer de outro modo — eu não sei se o senhor concorda: ver essa ilusão, ver essa ilusão.

K: Sim, mas é indispensável que a pessoa esteja segura de que se trata de uma ilusão.

WR: Quer o senhor a chame de ilusão ou de qualquer outro nome, ver...

K: "O que existe." Isso é tudo.

WR: Sim, ver "o que existe". Não vamos dar a isso um nome.

K: Não: ver "o que existe".

WR: Ver "o que existe" é ver a verdade.

K: Não, não, veja: o senhor está falando em verdade — eu ainda não estou pronto para isso.

WR: Eu quero chegar a ela antes da uma hora! Eu não quero adiar o assunto. Sua tese principal é não incluir o tempo.

K: Sim, eu disse isso há pouco.

WR: Sim, ver "o que existe", por assim dizer, é ver a verdade. É assim que eu gostaria de afirmar, para encurtar a questão. E a verdade não está distante do...

K: Senhor, eu não sei do que se trata.

WR: É isso o que estou dizendo: ver.

K: Eu não sei o que significa ver. O senhor me disse o que significa ver, mas eu posso não ver. Posso achar que vejo.

WR: Sim, então o senhor não está vendo.

K: Eu preciso ter a certeza de que não estou *pensando* que estou vendo.

WR: Não.

K: Toda a minha vida é assim: eu "acho" que vejo.

WR: O que é diferente de ver.

K: O senhor diz isso, mas as pessoas comuns dizem: sim, eu vejo [no sentido de "entender", de "compreender"]. Ou seja, eu acho que vejo o que o senhor está dizendo. Mas eu posso não ver objetivamente "aquilo que existe". Eu *acho* que vejo "aquilo que existe".

SF: Esta pode ser uma pergunta simples, mas o senhor afirma que a pessoa comum diz: "Eu vejo o que o senhor está dizendo", mas na verdade ele não vê. É apenas mental ou intelectualmente que ela vê alguma coisa. Poderíamos saber o que é que faz com que a pessoa comum passe a ver de modo correto, ver sem o pensamento?

K: Eu já expliquei isso, senhor. Em primeiro lugar, eu preciso ouvir. Mas será que *ouvimos*, ou tiramos tanto tipo de conclusão que nossa mente está tão cheia que não é capaz de ouvir? O senhor me vê e diz: "Ele é indiano, que diabo, livre-se dele; ele não sabe nada." Ou diz: "Bem, ele é tido por isso e aquilo." Então na verdade você não ouve.

SF: Bem — eu vou apenas mudar os termos. A pergunta então é: o que poderia produzir o ouvir correto?

K: Já se disse que por meio do sofrimento, o que é tolice. Já se disse que por meio do esforço, o que é tolice. Você ouve quando alguém diz: "Eu te amo", *não é verdade*? Então você pode fazer a mesma coisa, ouvir o que você acha desagradável?

Então, voltemos à questão da verdade. Teremos uma palestra esta tarde? Podemos então ir em busca da verdade?

WR: Não, eu não quero esperar para encontrar a verdade! [risos]

K: O senhor quer tudo em cinco minutos?

WR: Nem mesmo cinco minutos.

K: Um minuto?

WR: Um minuto. Se não puder fazer isso em um minuto não poderá fazê-lo nem em cinco horas.

K: Concordo. Tudo bem, então, senhor, em um segundo. A verdade não pode ser percebida através do tempo. A verdade não existe quando a individualidade está presente. A verdade não surge se o pensamento está se movendo em alguma direção. A verdade é algo que não pode ser medido. E sem amor, sem compaixão, com a sua própria inteligência, a verdade não pode surgir.

WR: Sim, agora mais uma vez o senhor a definiu em termos negativos, na verdadeira tradição budista.

K: O senhor traduziu em termos de tradição; portanto, o senhor afastou-se do ouvir objetivo.

WR: Eu ouvi, eu ouvi bem.

K: Então o senhor sentiu o perfume disso.

WR: Sim, e senti o perfume do que o senhor falou. E é por isso que eu quis que o senhor fizesse isso em um minuto.

K: Sendo assim, senhor, qual é a relação entre a verdade e a realidade? Cuidado. Quero dizer, elas estão permanentemente separadas?

WR: Não.

K: Não, não.

WR: Não, eu não tenho dúvidas. Elas não estão separadas.

K: Como sabe?

WR: Eu sei.

K: Não, senhor. "Elas não estão separadas." Mas o que o senhor quer dizer com isso?

WR: Foi o que eu disse: ver.

K: Não, espere um minuto, senhor. A verdade e a realidade, o senhor está dizendo, não estão separadas. Isso significa que pensamento e verdade estão sempre juntos. Se não estão separados, se algo não está divorciado, separado, está junto; é um movimento único. O pensamento...

WR: O pensamento, não.

K: Espere: a realidade, eis por que eu quis entrar nisso. A realidade é tudo o que o pensamento ajuntou. Todos concordamos que é assim. Podemos usar a terminologia, a palavra *realidade*, como algo diferente, eu não me importo; mas no momento presente estamos afirmando que a realidade é tudo aquilo que o pensamento ajuntou, inclusive as ilusões. E a verdade não tem absolutamente nada a ver com isso, não pode ter. Portanto, as duas não podem estar juntas.

WR: Ver essa ilusão, ou o que quer que seja, ver "o que existe" é ver a verdade. "O que existe" é a verdade. Não existe verdade fora disso. "O que existe" é a verdade; "o que não existe" é a não-verdade.

K: Não, senhor, não. Nós dissemos que a realidade é o movimento do pensamento. Certo, senhor? E a verdade é intemporal. A verdade é intemporal; não é a sua verdade, a minha verdade, a verdade dele — é algo que ultrapassa o tempo. O pensamento é do tempo; os dois não podem caminhar juntos; é isso que estou afirmando.

WR: O que eu disse é que não existem dois. Isto novamente é dualidade, o senhor está dividindo de novo.

K: Não, não estou. Eu estou mostrando, senhor; eu posso estar enganado, mas estou apenas mostrando que o pensamento criou essa ilusão, e produziu tanto engano, e pode enganar a si mesmo dizendo: "Sim, eu vi a verdade." Portanto, eu preciso ser bem claro, é indispensável que haja clareza, para que não haja engano de nenhuma espécie. E eu estou afirmando que existe o engano, que sempre existirá, a menos que eu compreenda a natureza da realidade.

WR: Eu acredito que aqui chegamos à verdade. Não sei se o senhor...

K: Eu não cheguei à verdade; não posso chegar à verdade.

WR: Não, o senhor vê a verdade.

K: Eu não vejo a verdade. Há uma diferença muito grande. Eu não posso chegar até a verdade; eu não posso ver a verdade. A verdade só existe, só pode existir quando a individualidade não existe.

WR: Está certo.

Ojai, Califórnia, 8 de Maio de 1980

Questionador: Há no momento um consenso geral de que tudo é relativo; uma questão de opinião pessoal; de que não existe a verdade do fato independentemente da percepção pessoal. Qual seria a resposta inteligente a essa crença?

Krishnamurti: Será que somos tão pessoais que aquilo que eu vejo, aquilo que você vê, é a única verdade? Que a minha opinião e a sua opinião são os únicos fatos que temos? E é isso o que está implicado na questão: que tudo é relativo; a bondade é relativa, o mal é relativo, o amor é relativo. Se tudo é relativo, ou seja, não a verdade completa, então nossas ações, nossos afetos, nossos relacionamentos pessoais são relativos, eles podem terminar quando o desejarmos, quando não nos agradarem mais.

Haverá algo como a verdade apartada da crença pessoal, independente da opinião pessoal? Existe algo que é a verdade? Essa pergunta foi formulada em tempos antigos pelos gregos, pelos hindus, pelos budistas. Uma das estranhas características das religiões do Oriente é o fato de que a dúvida foi encorajada — duvidar, questionar —, e nas religiões do Ocidente a dúvida é repudiada, é chamada de heresia.

É fundamental que cada um descubra por si mesmo, independentemente de sua opinião pessoal, de sua percepção e experiência, sempre relativas, se existe uma percepção, um modo de ver, que é uma verdade absoluta, não relativa. Como fará a pessoa para descobrir isso? Se dizemos que as opiniões pessoais e as percepções são relativas, então não existe a chamada verdade absoluta; tudo é relativo. Da mesma forma, nosso comportamento, nossa conduta, nosso modo de vida, tudo é relativo, casual, não completo, não total, fragmentário.

Como proceder para descobrir se existe ou não a verdade absoluta, que é completa, que não muda jamais por conta das opiniões pessoais? Como poderá a mente da pessoa, seu intelecto, seu pensamento, descobrir? Estamos questionando algo que requer uma grande investigação, uma ação na vida diária, uma fuga do que é falso — essa é a única forma de proceder.

Se a pessoa tem uma ilusão, uma fantasia, uma imagem, um conceito romântico da verdade ou do amor, então esta é a barreira que a impede de seguir adiante. Pode alguém investigar com honestidade o que é ilusão? Como surge a ilusão? Qual a sua raiz? Não significará isso estar lidando com algo que não é verdadeiro?

O verdadeiro é o que está acontecendo, seja aquilo que se pode chamar de bom, de mau ou de indiferente; é aquilo que está acontecendo. Quando a pessoa é incapaz de encarar o que está se passando nela mesma, ela cria ilusões para escapar disso. Se a pessoa não quer ou tem medo de enfrentar o que está acontecendo, essa mesma fuga cria a ilusão, a fantasia, o movimento romântico, longe do que existe. A palavra *ilusão* implica mover-se para longe do que existe.

A pessoa pode evitar esse movimento, essa fuga do que é verdadeiro? O que é o verdadeiro? O verdadeiro é o que está acontecendo, inclusive as respostas, as idéias, as crenças e opiniões que a pessoa tem. Encará-las não é criar ilusão.

As ilusões só podem acontecer quando existe um movimento que nos afasta do fato, daquilo que está ocorrendo, daquilo que é verdadeiro. Ao compreender "o que existe", quem julga não é mais a opinião pessoal mas a observação verdadeira. É impossível observar o que está acontecendo se a crença ou condicionamento qualifica a observação; isso seria evitar a compreensão "daquilo que existe".

Se a pessoa olhasse para o que está acontecendo, evitaria toda forma de ilusão. Alguém pode fazer isso? A pessoa pode observar verdadeiramente a própria dependência, seja ela a dependência de uma pessoa, de uma crença, de um ideal ou de alguma experiência que lhe provocou uma grande dose de excitação? A dependência, inevitavelmente, cria a ilusão.

Sendo assim, a mente que não vive mais a criar ilusões, que não formula hipóteses, que não tem alucinações, que não quer aferrar-se a uma experiência do que é chamado de verdade, agora trouxe ordem para si mesma. Ela está em ordem. Não existe mais a confusão produzida por ilusões, delírios, alucinações; a mente perdeu a capacidade de criar ilusões. Então o que é a verdade? A astrofísica, os cientistas estão usando o pensamento para investigar o mundo material em volta deles, eles estão indo além da física, mas sempre movendo-se para fora. Mas se nos voltarmos para dentro de nós mesmos, perceberemos que o "eu" também é matéria. E o pensamento é matéria. Se a pessoa puder rumar para dentro de si, indo de um fato para outro fato, ela passará a descobrir aquilo que está além da matéria. Então, se a pessoa prosseguir assim, existirá o que se chama de verdade absoluta.

Bombaim, 3 de Fevereiro de 1985

Conversaremos juntos, se vocês quiserem, acerca do que é uma forma holística de viver. A palavra *whole* [todo, em português] significa completo, não partido em fragmentos, fragmentos como um homem de negócios, um artista, um poeta, um beato e assim por diante, que é como dividimos as nossas vidas. Vocês pertencem a um grupo especial, com grinaldas e roupas estranhas; outros grupos usam outro tipo de roupa. Estamos constantemente categorizando, colocando as pessoas em algum compartimento, de modo que elas sejam isso ou aquilo — comunistas, socialistas, capitalistas e assim por diante. Então a nossa vida, se observarem com cuidado, é quebrada, fragmentada. E por que somos assim, nós, seres humanos, que temos vivido nesta maravilhosa terra por 1 milhão de anos ou 50 mil anos?

Uma das principais causas dessa fragmentação é que o cérebro é um escravo do pensamento — e o pensamento é limitado. Onde quer que haja limitação haverá fragmentação. Quando eu estou preocupado comigo mesmo — com o meu progresso, com a minha satisfação, com a minha felicidade, com os meus problemas —, eu quebro toda a estrutura da humanidade trazendo-a para *mim*. Assim, um dos agentes responsáveis pela fragmentação dos seres humanos é o pensamento.

Além dele, o tempo é também um desses agentes. Já procuraram considerar o que é o tempo? Segundo os cientistas envolvidos com a questão, trata-se de uma série de movimentos. Assim, movimento é tempo. O tempo não é apenas medido pelo relógio, cronologicamente. Tempo é o sol a erguer-se, o sol a se pôr; tempo é a alvorada e a neve nas montanhas e nos vales profundos; a escuridão da noite e o brilho da manhã. E há também o tempo psicológico, o tempo interior. Eu sou isso, eu me tornarei aquilo. Não sei matemática, mas um dia eu aprenderei tudo. Isso exige tempo. Aprender um novo idioma requer bastante tempo: três meses, seis meses, dois anos. Isso também é tempo. Existe tempo para aprender, para memorizar, para adquirir uma habilidade, e há também o tempo que é a entidade centrada em si mesma, que diz: "Eu me tornarei diferente." Sendo assim, também no vir-a-ser, em termos psicológicos, o tempo está implicado.

Estamos pois investigando o que é o tempo. Não o tempo necessário para aprender uma habilidade, mas também o tempo que desenvolvemos como o processo de conquista: "Eu não sei meditar. Vou me sentar com as pernas cruzadas, e um dia aprenderei a controlar o meu pensamento. Um dia saberei o que vem a ser a meditação." Então eu pratico, pratico, pratico. E acabo virando um macaco automatizado. Pois seja lá o que for que você pratique, você acabará por fazê-lo automaticamente. Tempo é o passado, o presente e o futuro. Tempo é o passado, são todas as experiências, o conhecimento que os seres humanos adquiriram e que permanecem no cérebro na forma de memória. Isso é simples. E o passado está agindo agora, no presente. Todas as recordações, todo o conhecimento, todas as experiências, todas as transcendências e assim por diante formam o pano de fundo, e o pano de fundo está operando agora. Então você é o passado. E o futuro é o que você é agora, talvez modificado, mas o futuro é o passado modificado. O passado modificado no presente é o futuro.

Sua tradição como um país possuidor de uma cultura nos últimos 3 mil ou 5 mil anos, o vasto acúmulo de conhecimento, de cultura, e todas as situações com as quais os seres humanos têm lutado, têm investigado ou acerca das quais vêm mantendo um diálogo — tudo isso está desmantelado no presente porque as condições econômicas assim o exigem. O passado é fragmentado, modificado e virá a ser o futuro. Isso é um fato. Assim, se não houver uma mudança radical no presente, amanhã você será o mesmo que é hoje. Portanto, o futuro é agora. O futuro — não o futuro de adquirir conhecimento, mas o futuro psicológico — ou seja, a psique, o "eu", a individualidade, é memória passada, e a memória, agora, se modifica e prossegue. Portanto futuro e passado estão no presente. Então, todo o tempo — passado, presente e futuro — está contido no agora. Isso não é complicado. É lógico. Assim, se o cérebro humano não se modificar agora, no mesmo instante, o futuro será o que você é, o que você foi.

Será possível uma mudança radical, fundamental agora, não no futuro? Isso é muito simples. Não compliquem. Nós somos o passado. Não há dúvidas quanto a isso. E o passado muda por reação, por desafios, de vários modos. E isso torna-se o futuro. Vejam, vocês tiveram uma civilização neste país ao longo de 3 mil a 5 mil anos. Isso é o passado. E as circunstâncias modernas exigem que vocês rompam com o passado. E vocês não têm mais cultura alguma agora. Vocês podem falar acerca da cultura antiga, orgulhar-se da fama do passado e dos longos séculos do passado, mas tudo isso se desfez, destruído pelas exigências atuais, pelo desafio do presente. E o desafio, essas exigências, estão se transformando numa entidade econômica. Assim o passado desafiado pelo agora torna-se o futuro.

Além disso, queremos ter raízes, identificação — identificação com um grupo, com a família, com algum guru, e é por isso que vocês usam essas roupas estranhas. Eu sei que vocês não abandonarão isso, mas esse é um problema de vocês. Nós queremos, pois, nos identificar com um grupo, com a família, com a nação, e assim por diante. E a ameaça de guerra é um fator importante na nossa vida, porque a guerra destrói psicologicamente as nossas raízes; portanto, queremos matar. E queremos também nos identificar. Compreendem? Queremos ser identificados com um nome, identificados com a família, e assim por diante. Estes são, portanto, os principais fatores de nossas vidas fragmentadas. Bem, mas vocês estão ouvindo a verdade disto ou estão apenas ouvindo a descrição, não a verdade? A idéia, não o fato.

Suponhamos, por exemplo, que o orador afirme: "Todo o tempo é agora." Esta, se vocês a compreenderem, é a mais maravilhosa das verdades. Mas será que vocês ouvem isso como uma seqüência de palavras e, portanto, como um som, uma palavra, uma idéia, idéia como abstração da verdade, ou vocês apreendem a verdade disso, não apenas a mera abstração da verdade? Como vocês estão fazendo? Vocês vivem com o fato ou, partindo dele, produzem uma abstração na forma de uma idéia para, logo em seguida, passar a perseguir a idéia, não o fato? O intelecto faz isso. O intelecto é indispensável. Provavelmente, apesar de tudo, não dispomos de um intelecto suficiente, pois nos entregamos a alguém. O intelecto implica e requer razão, lógica, e exige que se veja tudo com muita clareza e discernimento. Além disso, o intelecto tem a capacidade de armazenar informações e de agir com base nessa informação. E quando você ouve uma afirmação como "Todo o tempo é agora" ou "A humanidade toda é você, pois a sua consciência e todos os outros são uma coisa só", como você ouve essas afirmações? Você faz uma abstração delas, como uma idéia? Ou ouve a verdade, o fato; a profundidade da verdade, o senso de imensidão nela envolvido? As idéias não são imensuráveis. Mas um fato tem uma grande possibilidade.

Portanto, uma vida holística não é possível quando a causa é o pensamento, o tempo e o desejo de identificação e de raízes. Tudo isso impede uma forma de viver plena e completa. Bem, mas quando vocês ouvem essa afirmação, vocês deveriam perguntar: "Como hei de parar de pensar?" Uma pergunta natural, não é mesmo? "Como farei?" Eu sei que é preciso tempo para se aprender uma habilidade, uma língua, um assunto tecnológico, e assim por diante. É preciso tempo para pesquisar. Mas eu acabo de perceber que a passagem "daquilo que existe" para "aquilo que deveria existir" demanda tempo, e isso poderia estar totalmente errado. Pode não ser verdadeiro. Você começa então a indagar, ou será que você diz: "Bem, eu não sei do que o senhor está falando, mas vou prosseguir com isto?" Na verdade, é o que está acontecendo.

Oxalá fôssemos realmente honestos com nós mesmos. A honestidade, assim como a humildade, é da maior importância. A humildade cultivada por um homem fútil é parte da vaidade. A humildade não tem nada a ver com vaidade, com orgulho. Trata-se de um estado da mente — de um cérebro que diz: "Eu não sei, mas vamos investigar" sem jamais dizer: "Eu sei". E agora vocês ouviram alguém afirmar que todo o tempo é agora — esse fato. Vocês podem concordar ou discordar. Isso é uma de nossas atitudes terríveis: concordar ou discordar. Por que deveríamos concordar ou discordar? O sol se ergue no leste; isso é um fato. Você não concorda nem discorda. O sol se pôs. Esse é um fato. Então, podemos examinar os fatos? Assim não haverá distinção entre os que concordam e os que não concordam. Existirá apenas o ver as coisas como elas são. Você pode dizer: "Eu não vejo." E esta será uma outra questão. Poderemos então examinar o porquê de você não ver, e assim por diante. Mas quando entramos na área de concordar ou discordar, então nos tornamos cada vez mais confusos.

O orador afirmou que a nossa vida é fragmentada. Isso é um fato. O nosso modo de pensar é fragmentado. Somos homens de negócios, ganhamos rios de dinheiro, e então você vai e constrói um templo ou faz um donativo para a caridade. Veja a contradição. E jamais somos honestos com nós mesmos — verdadeiramente honestos. Não honestos no sentido de sermos algo diferente ou de compreendermos algo diferente, mas no de sermos inquestionavelmente claros, de termos um absoluto senso de honestidade, o que implica não termos ilusões. Se você conta uma mentira, você conta uma mentira e você sabe disso e diz: "Eu contei uma mentira." Não tenta encobri-la. Quando você está com raiva, você está com raiva. Você afirma que está com raiva. Você não procura causas ou explicações para isso ou para livrar-se disso. Isso é rigorosamente necessário se você for investigar questões bastante profundas, como estamos fazendo agora. Não transformar um fato numa idéia, mas permanecer com o fato. Isso requer uma percepção clara.

Agora, tendo dito tudo isso, afirmamos: "Sim, lógica e intelectualmente, eu compreendo isto." Isso é o que vocês diriam. E, "Como proceder para transformar em atos aquilo que eu compreendi lógica e intelectualmente, aquilo que eu ouvi? Qual é a verdade?" Por conseguinte, vocês já criaram uma distinção entre a compreensão intelectual e a ação. Percebem isso? Ouçam, portanto; apenas ouçam. Não façam nada com isso. Não digam, "Como farei para alcançar, como farei para parar o pensamento e o tempo?" — trata-se de algo que vocês não podem fazer; isso seria um absurdo, pois vocês são o resultado do pensamento e do tempo. Então vocês giram e giram em círculos. Mas se vocês ouvirem, não reajam, não perguntem: "Como?", mas ouçam de verdade, a música bonita, o chamado de um pássaro, escutem esse "o tempo está todo no agora". E o pensamento é movimento; portanto, pensamento e tempo estão sempre juntos. Não são dois movimentos separados, mas um movimento constante. Isso é um fato. Prestem atenção.

Em seguida, há essa identificação: vocês querem ser identificados, porque ser identificado como hindu, como muçulmano, como cristão ou o que quer que seja lhes dá segurança. Isto é um fato. E a identificação é uma das causas da fragmentação na nossa vida, assim como o tempo, o pensamento, e também querer segurança e, portanto, criar raízes num determinado país, numa determinada família, comunidade ou grupo. Ouçam, não façam nada — esses são os fatores da nossa fragmentação. Bem, se vocês ouvirem com bastante atenção, o simples fato de ouvir cria a sua própria energia. Compreendem? Eu ouço o fato do que foi falado e não há reação porque estou apenas ouvindo, e isso implica concentrar toda a minha energia em ouvir. Significa prestar grande atenção ao ouvir. E o ouvir rompe os agentes ou as causas da fragmentação. Se você faz algo, então você está agindo acerca do fato. Mas se existe apenas a observação, sem distorções, sem preconceito, a observação, a percepção, que é uma grande atenção, então a mesma atenção dissolve o sentimento do tempo, do pensamento.

Bombaim, 7 de Fevereiro de 1985

Questionador: Senhor, eu desejo um esclarecimento. Há pouco o senhor falou em afirmação verdadeira ou falsa. O que é verdadeiro e o que é falso?

Krishnamurti: Verdade? O que é uma afirmação verdadeira ou falsa? Como iremos descobrir? A partir de outra pessoa? O que é uma afirmação falsa? E o que quer você dizer por falsa? Vamos pegar um exemplo comum: muitas pessoas admitem que o nacionalismo é um fato maravilhoso, que precisamos ser nacionalistas. Será esta afirmativa falsa ou verdadeira? Como encarar isso? Como descobrir? Digamos, por exemplo, que a maioria de vocês acredita em Deus. Não é verdade? Certo. Vocês acreditam em Deus. Essa é uma afirmativa falsa ou verdadeira? Como descobrir? Você pode acreditar no que quiser, em qualquer ilusão, em qualquer conceito fantasioso, romântico ou sentimental. E essa crença não precisa ser necessariamente verdadeira. Nenhuma crença é. Então, como descobrir isso?

Como descobrir se existe ou não existe Deus? Para descobrir, é indispensável que você tenha a mente livre, não a mente cheia de crenças. Você precisa ter a mente capaz de investigar, de examinar, de duvidar, de questionar — capaz de não ter medo. O medo pode fazer do falso o verdadeiro e do verdadeiro o falso. E é isso o que vem acontecendo no mundo. Assim, para descobrir o que é verdadeiro, o que é a verdade, é preciso que haja uma grande sensibilidade, um sentimento de liberdade — não apenas a idéia de liberdade, mas a verdadeira liberdade, liberdade em relação ao medo, e assim por diante. A maioria de nós tem muitas ilusões, e essas ilusões tornaram-se verdades, realidades. E libertar-se da ilusão é o trabalho mais necessário e árduo. Livre-se totalmente das ilusões; só assim você poderá descobrir o que é falso e o que é verdadeiro.

Bombaim, 9 de Fevereiro de 1985

Nossa consciência é compartilhada; ela pertence a toda a humanidade. Nós não percebemos a beleza, a imensidão disso. Voltamos ao nosso padrão, acreditando que somos indivíduos, lutando, brigando, competindo, cada qual querendo satisfazer sua própria minúscula e bestial individualidade. Como isso não significa nada para nós, voltamos sempre ao nosso modo de vida antigo. Então é melhor não ouvir nada do que estou dizendo. Se vocês ouvem a verdade e não agem com ela, ela atua como um veneno. Eis por que a nossa vida é tão falsa e superficial.

Precisamos debater juntos as razões pelas quais o homem não só tem vivido em desordem por milhares e milhares de anos, mas também vive na permanente busca do prazer: prazer da posse, da conquista, do poder, do *status*, não apenas o prazer sexual, que é mantido por se pensar constantemente em sexo, com figuras imaginárias, com a produção de imagens. Ou seja, o pensamento produz prazer, a sensação é transformada em prazer.

Precisamos compreender, portanto, o que é o prazer, por que buscamos o prazer. Não pretendemos afirmar que isso é certo ou errado. Não estamos condenando o prazer, nem condenando o desejo. O desejo é parte do prazer. Satisfazer o desejo é a natureza do prazer. Precisamos, por conseguinte, analisar não apenas a natureza do prazer, mas também o que vem a ser o desejo. O desejo pode ser a causa da desordem, cada qual querendo satisfazer, conquistar o seu desejo particular. Estamos preocupados com questões sérias, não com entretenimento, não com jogos intelectuais, mas com a nossa vida, a nossa vida cotidiana, monótona, aborrecida, falsa e trivial.

Iremos então discutir juntos se o desejo é uma das maiores causas da desordem. O desejo, na sua satisfação, nas suas conquistas, em qualquer direção, dá prazer, gratifica. Precisamos pois investigar juntos, examinar o que é o desejo. Não condená-lo, não fugir dele, não, como querem muitas religiões, tentar suprimi-lo, o que seria um absurdo. Vamos então examiná-lo. O que é o desejo? Provavelmente, a maioria de nós jamais pensou nisso. Aceitamos isso como um modo de viver, como um instinto natural do homem ou da mulher, e dizemos: por que nos importar com isso? A não ser aqueles que afirmam que renunciaram ao mundo — o que jamais fizeram —, aqueles que ingressam em mosteiros onde tentam sublimar o desejo pela adoração de uma pessoa ou de um símbolo, e assim por diante. Por favor, tenham em mente que não estamos condenando nada. Estamos tentando descobrir juntos o que é o desejo, qual a razão de o homem, ao longo de milhões de anos, ter estado preso, não apenas em termos físicos ou biológicos, mas também psicologicamente, na armadilha do desejo, no emaranhado do desejo. Você investigará com o orador, ou apenas ouvirá o orador, enquanto este investiga e explora por conta própria?

É fácil deixar-se levar por explicações, por descrições; ficamos satisfeitos com comentários, descrições e explicações. Mas nós não pretendemos fazer isso. Temos de explicar, descrever, apontar, colocar dentro da estrutura das palavras. O desejo é das coisas mais difíceis de compreender, não intelectualmente, mas profundamente. Eu vou explicar, vou analisar essa questão, mas vocês precisam analisá-la também; não basta concordar ou discordar; isso é tolice. Precisamos descobrir a natureza do desejo, como ele é produzido, qual a sua origem, o seu começo. Todo animal da terra tem desejo.

Cada ser humano está preso nesse emaranhado de desejos e se

sente infeliz quando seus desejos não são atendidos, sejam eles ideológicos, religiosos, platônicos ou meramente físicos. Qual a origem, o começo do desejo? O orador descreverá, não analisará. Há diferença entre análise e percepção. A análise implica a existência do analisador e daquilo que será analisado, isso é, o analisador e o analisado são diferentes. Suponha que eu seja o analisador e sou invejoso, e começo a investigar o porquê de eu ser invejoso, como se eu e a inveja fôssemos diferentes. Mas a inveja sou eu. A inveja não está separada de mim. A cobiça, a competição, a comparação, tudo sou eu. Assim, não estamos analisando. Mas estamos olhando, ouvindo e, enquanto isso, aprendendo. Aprender não significa apenas acumular conhecimentos. Isso é necessário; mas aprender é algo inteiramente diferente; não é um processo cumulativo. Você está sempre em atividade; não está apenas gravando, mas sempre se renovando.

Juntos, estamos examinando o que é o desejo, qual a origem do desejo, os motivos de os seres humanos ficarem presos a ele indefinidamente. Se você tem um pouco de dinheiro, você quer mais dinheiro; se tem um pouco de poder, você quer mais poder. E poder de qualquer natureza, seja sobre a mulher ou os filhos, seja religioso ou político, é abominável, detestável, porque não tem nada a ver com a verdade. Vamos investigar isso.

Então, qual é a origem do desejo? Nós vivemos pela sensação. O canto daquela gralha a chamar age sobre meus tímpanos e meus nervos; e o ruído é traduzido no lamento da gralha. Isso é sensação. E a sensação é produzida por ouvir, por ver e em seguida entrar em contato. Você vê um bonito jardim, bem cuidado. Ele é verde, rico, perfeito; não existe nele nenhuma erva daninha. Um gramado que vem sendo cuidado há centenas de anos é algo bonito de se ver. Em primeiro lugar, a visão; em seguida, se você é sensível, você vai e toca a grama. Ver, tocar e, em seguida, a sensação. Ver um lindo jardim, um belo carro, a árvore grandiosa, ou um homem ou mulher bonita. Nós vivemos pela sensação. Isso é necessário. Se você não é sensível, se você for embotado, você só está meio vivo — como a maioria de nós está.

Existe então a sensação. E, em seguida, o que acontece? Tomemos um exemplo bem simples: você vê um belo sari, ou uma saia, na loja. Você a vê, entra, toca, e há a sensação de tocar. Você diz: "Meu Deus, que belo material." Em seguida, o que acontece? Há a visão, o contato, a sensação; e o que acontece depois disso? Estão esperando que eu diga? Se vocês vêem isso por vocês mesmos, não sendo informados por ninguém, então vocês se tornarão o professor *e* o aluno. Mas se repetirem, repetirem, repetirem o que alguém disse, inclusive o que o orador diz, então continuarão medíocres, repetitivos e sem pensamento. Vamos adiante, pois.

Existe o ver, o contatar, o sentir. Você vê um dos carros mais novos da Europa, toca a sua pintura, suas formas, sua textura, e a partir disso tem a sensação. Em seguida vem o pensamento e diz que seria bom se você possuísse esse carro. Seria bom se você entrasse nele e saísse dirigindo por aí. O que aconteceu? O pensamento deu forma à sensação. O pensamento deu à sensação a imagem de você sentado no carro, dirigindo o carro. Nesse momento, quando o pensamento cria a imagem de você sentado no carro, nesse segundo, nasceu o desejo. O desejo nasceu quando o pensamento dá forma à sensação, dá uma imagem à sensação.

Então, a questão é: a sensação é a forma da existência; ser sensível faz parte da existência. E nós aprendemos a suprimir, ou a conquistar, ou a viver com o desejo e com todos os seus problemas. Agora, se alguém compreende, não intelectualmente, mas verdadeiramente, que o pensamento dá forma através da imagem, que nesse instante a origem do desejo está ali, vem a pergunta: será possível ver o carro, tocá-lo, mas não deixar que o pensamento crie a imagem, deixando uma lacuna?

É preciso descobrir o que vem a ser disciplina. Vamos então falar a respeito de disciplina e voltaremos mais tarde ao desejo. A palavra *disciplina* vem da palavra *discípulo*. A origem etimológica desta palavra é a de alguém que está aprendendo; um discípulo que está aprendendo com o mestre. Aprendendo, não se modelando, não controlando, não suprimindo, seguindo ou tornando-se obediente. Ao contrário: aprendendo com a observação. Ou seja, você está aprendendo o que é o desejo, aprendendo acerca dele, e isso é diferente de memorizar.

A maioria de nós foi treinada para a disciplina segundo determinado padrão: copiar, seguir, obedecer. Isso é o que todos vocês estão fazendo, esperando que a disciplina produza uma ordem. Mas se alguém está aprendendo, então a aprendizagem, ela própria, torna-se a sua ordem. Você não tem uma ordem imposta pela lei ou por nada mais.

Então, no instante em que o pensamento dá forma à sensação fornecendo-lhe uma imagem, nasce o desejo. Você pode aprender, descobrir se é possível mantê-los apartados de modo a deixar que a sensação floresça e não deixar que o pensamento interfira com ela? Você jamais fez isso. Então você descobrirá que o desejo tem o seu devido lugar. Quando você compreender a natureza do desejo, não haverá conflitos a respeito dele.

Deveríamos também falar sobre o que vem a ser o amor, o sofrimento e a morte. Vamos continuar? Isso afeta a sua vida diária; não é algo com que se brinque intelectualmente. Trata-se da sua vida, não da vida de outros; essa é a sua forma de viver. Depois de todos estes milhões de anos, vejam o que é a sua vida, como é vazia, superficial, violenta, brutal, sem consideração, impensada. Olhem bem. Tudo isso vem provocando grandes estragos no mundo. Todos queremos ter posições elevadas, conquistar algo, tornarmo-nos algo. Olhando para tudo isso, vemos que existe muito sofrimento, não é mesmo? E não estará todo ser humano no mundo, seja ele de elevada posição ou um simples aldeão com pouca instrução, passando por um grande sofrimento? Ele pode até reconhecer a natureza e a beleza e a força do sofrimento, mas ele é acometido pela dor, assim como vocês, e a humanidade vem passando por sofrimentos há 1 milhão de anos. Nós não resolvemos o problema. Queremos fugir dele. Queremos que ele seja organizado.

E qual o relacionamento entre o sofrimento e o amor e a morte? O sofrimento pode ter fim? Esta é uma das perguntas que a humanidade vem fazendo há 1 milhão de anos. Podem ter fim a dor, a ansiedade, o pesar do sofrimento? O sofrimento não é só o seu em particular; há o sofrimento da humanidade. Falando em termos históricos, houve 5 mil anos de guerras, há sempre alguém matando alguém, seja em nome da tribo, da religião, da nação, da comunidade, ou para a sua proteção individual, e assim por diante. Já se deram conta disso, do que as guerras fizeram? Há conflito com os muçulmanos, com o Paquistão, com os hindus. Já pararam para examinar a questão das guerras e ver quantos estragos elas criaram, quantos milhões ficaram a chorar? Quantos milhões de feridos, sem braços, sem pernas, sem olhos, até mesmo um rosto?

Haverá a possibilidade de um fim para o sofrimento e para toda a dor nesse particular? E o que é o sofrimento? Vocês não sabem o que é sofrimento? Ficam envergonhados de admitir que sabem? Quando seu filho ou filha, ou alguém que você acha que ama, é afastado de você, você não verte lágrimas? Você não se sente terrivelmente só? Você perdeu um companheiro para sempre. Não estamos falando a respeito da morte, mas desse fenômeno imensurável que o homem suporta e para o qual não existe solução ou resposta. Sem que haja o fim do sofrimento não pode haver amor. O sofrimento é parte do nosso próprio interesse, é parte da nossa atividade autocentrada e egotista. Eu choro pelo outro — pelo meu filho, pelo irmão, pela mãe. Por quê? Porque perdi algo a que estou ligado, algo que me faz companhia, que me dá bem-estar e tudo o mais. E com o fim dessa pessoa eu verifico o quanto a minha vida é vazia ou solitária. E então eu choro. E há muitos, muitos milhares de pessoas dispostas a me consolar. E com facilidade eu me deixo envolver por esse emaranhado, por esta armadilha de consolo. Seja o consolo de Deus, ou seja, da imagem produzida pelo pensamento, ou o consolo de alguma idéia ou conceito ilusório, isso me consola e só a isso eu dou importância.

A pessoa precisa ter uma cama confortável, uma cadeira confortável, mas qual a necessidade ou o desejo de bem-estar psicológico, interior? Jamais questionamos se existe ou não esse bem-estar. Será que isso é uma ilusão que acabou por tornar-se a nossa verdade? Uma ilusão pode tornar-se a nossa verdade. Onde existe a ilusão de que existe Deus, esse Deus foi criado pelo pensamento, pelo medo. Se você não tiver medo, não existe Deus. Mas Deus foi inventado pelo homem por causa do medo, por causa da solidão, por causa do desespero, por querer o bem-estar eterno. Assim, jamais questionamos se existe mesmo algum tipo de bem-estar que seja uma satisfação profunda e permanente. Todos queremos nos satisfazer, não apenas com o alimento que ingerimos, mas também sexualmente, ou por conquistar uma posição de autoridade e, portanto, gozar de bem-estar nessa posição. Vocês conhecem tudo isso.

Precisamos indagar se, afinal, existe algum tipo de bem-estar. Existirá algo que seja gratificante, satisfatório, desde o momento em que nascemos até a nossa morte? Não me ouçam apenas; descubram. Dediquem a energia, o pensamento, o sangue, o coração de vocês para descobrir isso. E se não existir ilusão, haverá algum bem-estar? O bem-estar é outra forma de prazer. Sim, este é um problema complexo da nossa vida. Ao mesmo tempo que somos frívolos, vazios, saciados com o conhecimento alheio e pelos livros, não somos seres humanos independentes, livres para descobrir a razão de sermos escravos. Esta não é uma pergunta retórica; é uma pergunta que cada um deve fazer a si mesmo. Da própria pergunta e da dúvida surge a libertação. E sem liberdade não existe o sentimento de verdade.

De As Últimas Palestras em Saanen 1985, *Saanen, 21 de Julho de 1985*

Então, o que é a verdade? Existe o que se pode chamar de verdade? Será que existe algo como verdade absoluta, que não dependa do tempo, do ambiente, da tradição, do conhecimento, do que disse Buda ou algum outro? A palavra não é a verdade. O símbolo não é a verdade. A pessoa não é a verdade. Portanto, não existe adoração pessoal. Krishnamurti não tem importância alguma. Estamos pois buscando o que é a verdade. Se é que existe uma. E se é que existe algo para além do tempo. Além do final de todo o tempo. E já disseram que, para chegar a isso, é indispensável a meditação. Ter uma mente tranqüila. Iremos abordar isso.

O que é meditação? Segundo o dicionário, a palavra quer dizer ponderar, pensar a respeito. E tem também um significado diferente, tanto em sânscrito quanto em latim, que é o de medir — o que significa, é óbvio, comparar. Não existe medida sem comparação. Pode então o cérebro libertar-se dessa medida? Não a medida pela régua, pelos padrões, em quilômetros, milhas, mas o cérebro pode livrar-se de todas as medidas, do vir-a-ser sem vir a ser, de comparar sem comparar? O cérebro pode livrar-se deste sistema de medir? Eu preciso tirar as medidas para fazer uma roupa. Eu preciso medir a distância daqui até um outro lugar; distância é medida, tempo é medida. O cérebro pode então livrar-se das medidas, ou seja, das comparações, e não ter nenhum tipo de comparação, de modo que o cérebro fique totalmente livre? Isso é a verdadeira meditação. Será possível viver no mundo moderno com todo esse ruído, essa vulgaridade, o circo que vem ocorrendo em nome da religião, fazendo dinheiro, sexo, produzindo crianças? Alguém pode livrar-se de tudo isso? Não de modo a obter algo; simplesmente para ficar livre.

Portanto, meditação não é meditação consciente. Não é meditação coletiva, meditação em grupo, meditação solitária, de acordo com o sistema zen, budista ou hindu. A meditação não pode ser um sistema porque então você pratica, pratica, pratica, e o seu cérebro vai ficando cada vez mais embotado, cada vez mais mecânico. Haverá então uma meditação que não tenha direção, que não seja consciente, deliberada? Descubra.

Isso requer grande energia, atenção, paixão. Então essa mesma paixão, essa energia, a sua intensidade, é silêncio. Não um silêncio constrangedor. É o grande silêncio no qual não há tempo ou espaço. Há então aquilo que é inominável, que é sagrado, eterno.

De As Últimas Palestras em Saanen 1985, *Saanen, 25 de Julho de 1985*

Questionador: Nosso cérebro limitado pode apreender o ilimitado, que é beleza, amor e verdade? Qual a base para a compaixão e a inteligência? Isso pode realmente acontecer com cada um de nós?

Krishnamurti: Nosso cérebro limitado pode apreender o ilimitado? Não pode, porque ele *é* limitado. Pergunto: poderemos apreender o significado, a profundidade da qualidade do cérebro e constatar o fato, o fato e não a idéia, de que o nosso cérebro é limitado pelo conhecimento, pela especialização, pelas disciplinas particularizadas, por pertencer a grupos, pelo nacionalismo, que não passa de interesse próprio camuflado e oculto? A limitação surge basicamente quando há interesse próprio. Quando estou preocupado com a minha própria felicidade, com a minha própria satisfação, com o meu próprio sucesso, o meu interesse limita a qualidade do cérebro e a energia do cérebro.

Este orador não é um especialista em cérebro; mas ele tem conversado com inúmeros profissionais que lidam com o assunto. Mas o cérebro é o cérebro, não apenas o cérebro deles, mas o de vocês e o meu. O cérebro tem evoluído ao longo de milhões de anos, em tempo e pensamento. Evoluiu. Evolução significa toda uma série de eventos no tempo. Isto levou 2,5 milhões de anos, aproximadamente. Reunir todos os rituais religiosos leva tempo. Assim, o cérebro foi condicionado, limitado pela sua própria vontade, buscando a própria segurança, voltando-se para o seu próprio quintal e dizendo: "Eu acredito, eu não acredito; eu concordo, eu não concordo; esta é a minha opinião, este é o meu julgamento" — por interesse próprio. Quer seja na hierarquia da religião ou entre os políticos, ou no homem que busca poder pelo dinheiro, ou o professor com o seu grande conhecimento acadêmico, ou todos os gurus que vivem falando acerca da bondade e da paz, tudo é parte do egoísmo. Pensem bem em tudo isso.

Nosso cérebro, portanto, ficou muito pequeno — não na sua forma ou tamanho, mas nós reduzimos a qualidade dele, a imensa capacidade dele. Ele desenvolveu a tecnologia e tem também uma grande capacidade de se voltar para dentro, muito profundamente, mas o egoísmo limita isso.

Descobrir por si mesmo onde se oculta o egoísmo é bem sutil. Ele pode estar escondido numa ilusão, numa neurose, num faz-de-conta. Remova cada pedra, cada camada de relva para descobrir isso. Ou você dedica tempo para descobrir, o que mais uma vez acaba por se transformar numa servidão, ou você logo descobre, agarra, tem um *insight* imediato. Quando você tiver um *insight* completo terá coberto todo o campo.

Portanto, o questionador indaga: pode o cérebro condicionado apreender o ilimitado, que é beleza, amor e verdade? Qual a base para a compaixão, para a inteligência; isso pode chegar até cada um de nós? Você está incentivando a compaixão? Está incentivando a inteligência? Incentivando a beleza, o amor, a verdade? Está tentando compreender isso? Eu estou perguntando. Você está tentando compreender a qualidade da inteligência, da compaixão, o imensurável senso de beleza, o perfume do amor e aquela verdade até a qual não existe um caminho? É isso o que você está tentando compreender? Querendo descobrir o chão sobre o qual se assenta tudo isso? O cérebro limitado pode compreender isso? Por certo você não pode compreender, aceitar isso. Você pode fazer todo tipo de meditação, jejuar, torturar-se, tornar-se terrivelmente austero, possuir apenas uma roupa, uma capa. Tudo isso já foi tentado. O rico não pode atingir a verdade e nem o pobre. Nem aqueles que fizeram voto de celibato, de silêncio, de austeridade. Tudo isso é determinado pelo pensamento, tudo reunido numa seqüência *de modo a*. Este é o cultivo do pensamento deliberado, da intenção deliberada. Certa vez alguém disse a este orador: "Dê-me doze anos e eu farei você ver Deus."

Assim, como o cérebro é limitado, faça você o que fizer, sente-se com as pernas cruzadas na posição de lótus, mergulhe num transe, faça meditação, mantenha-se apoiado apenas em uma perna ou de cabeça para baixo — o que quer que você faça, você jamais a alcançará. A compaixão não chega até ela.

Portanto, é indispensável compreender o que vem a ser o amor. O amor não é sensação. O amor não é prazer, desejo, satisfação. O amor não é ciúme ou ódio. O amor tem simpatia, generosidade, tato, e assim por diante. Mas essas qualidades não são o amor. Para compreender isso, para chegar a isso, é preciso ter um grande sentimento, um grande apreço pela beleza. Não a beleza de uma mulher ou de um homem, ou de um artista de cinema. A beleza não está na montanha, nos céus, nos vales ou nos rios que correm. *A beleza existe onde não existe a individualidade*. Você pode olhar aquela grande e velha árvore, perceber sua majestade e dizer: "Que maravilha!", mas a nossa individualidade se esconde atrás dessa árvore. Assim, a beleza só existe onde existe amor. E a beleza, o amor, isso é compaixão. Não existe base para a compaixão; ela não se mantém para a sua conveniência. Essa beleza, esse amor, essa verdade é a forma mais elevada de inteligência. Quando existe inteligência existe ação, clareza, um grande sentimento de dignidade. É algo inimaginável. E aquilo que não pode ser imaginado, o ilimitado, não pode ser expresso em palavras. Pode ser descrito: os filósofos já o descreveram, mas os filósofos que o descreveram não são aquilo que descreveram.

Assim, para atingir esse grande sentimento é preciso que o "eu", o ego, a atividade egocêntrica, o vir-a-ser estejam ausentes. É preciso que haja um grande silêncio na pessoa. Silêncio significa estar vazio de tudo. E nisso se abre a vastidão do espaço. Onde existe a vastidão do espaço existe uma imensurável energia; não a energia do interesse próprio, mas uma energia sem limites.

Brockwood Park, 29 de Agosto de 1985

Krishnamurti: [lendo em voz alta a pergunta] "K afirma que não existe caminho para a verdade." Você aceita isso? "A faculdade de ver isso está fora de mim? Minha consciência e meus meios de percepção estão inteiramente dentro de mim. Eu poderia, sem quaisquer meios ou instrumentos, seguir rumo à meta desconhecida? O que me daria a energia, a necessidade para me mover nessa direção?" Há inúmeros aspectos nesta pergunta.

Em primeiro lugar, a resposta não está fora da pergunta. A resposta não está fora do problema. A resposta está no problema, na pergunta. Vivemos sempre em busca de uma resposta satisfatória e conveniente, agradável, feliz, e assim por diante, sempre fora do problema. Será que poderemos deixar de lado todas as tentativas de fugir do problema, e encarar juntos a questão? "K afirma que não existe caminho para a verdade." Por que você acredita nele? Por que você o aceita? Por que você repete isso? "K afirma." Quem é K para dizer? Que direito ele tem? Ou será isso uma reação? Compreende? Enquanto existirem, os seres humanos possuirão opiniões diferentes. Portanto, pode não ser verdade. Vamos de início descobrir isso.

Existem os inúmeros caminhos do cristianismo — os católicos, os protestantes —, e as inúmeras divisões do protestantismo. Há o caminho do budismo — diversos caminhos, de acordo com Buda

—, embora, na verdade, ninguém saiba o que Buda disse, ou o que Cristo disse. E há também os caminhos do budismo tibetano. Assim, temos os caminhos do cristianismo, do budismo, dos muçulmanos, com suas divisões. Estão aí, espalhados à sua frente — o que quer que isso signifique —, todos esses caminhos para a verdade, para Deus, para a iluminação, para o esclarecimento, e assim por diante; eles existem às dúzias. Como você vai escolher? Como escolher o caminho certo? Por favor, digam-me.

Platéia: É preciso conhecer a si mesmo.

K: Alguém diz que é preciso conhecer a si mesmo. Então, por que preocupar-se com caminhos? Por que se preocupar com a verdade? Por que se preocupar com o que K diz? Por que vocês não procuram saber a respeito de vocês mesmos? E como você fará para conhecer a si mesmo? De que maneira? Como você irá olhar para si mesmo como se olha num espelho? É fácil dizer que é preciso olhar para você mesmo. Sócrates e os gregos antigos, e antes deles os antigos israelitas, e antes deles os antigos egípcios e os antigos hindus, todos disseram isso sob diversas formas. "Conhece-te a ti mesmo." E há estes caminhos à nossa frente. E todos nós queremos alcançar a verdade, seja lá o que ela for. E todos estes caminhos levam a isso. Isto significa que a verdade é fixa. Ela tem de ser fixa; caso contrário, não haveria caminho que nos levasse a ela. Ela deve estar parada, não deve ter movimento, deve estar morta; então não podem existir caminhos até ela [risos]. Não, não riam. É isso o que nós fazemos.

Então alguém como K chega e diz: "Olhem: não se preocupem com caminhos; talvez seja como se vocês estivessem num barco sem leme e descobrissem, se pusessem em movimento, aprendessem e fossem adiante." Não se pode ficar parado, fazendo da verdade algo permanente. Mas nós queremos algo permanente. Como, por exemplo, relacionamentos permanentes. Estou apegado à minha mulher, ou marido, e quero que isso seja permanente. Não admitimos nenhuma mudança. Mas nós mudamos o tempo todo, tanto biológica quanto psicologicamente; mas eu quero permanecer com algo que seja completamente satisfatório, permanente, duradouro, que me dê segurança. E por acabar descobrindo que não existe segurança, faço da verdade a entidade permanente em cuja direção eu me dirijo. E há todos esses gurus e sacerdotes, que o ajudam a ir até a verdade.

O questionador, então, pergunta: "Quais são os instrumentos necessários para alcançar a verdade, para a qual não existe um caminho?" No momento em que você tiver esses instrumentos você terá construído um caminho. Percebe isso? No momento em que eu dispuser de um meio de fazer isso, de alcançar isso, o meio torna-se o instrumento e já terei atingido a verdade em direção à qual estou trabalhando. Assim, no momento em que você tiver esse instrumento, esse meio, esse sistema, então você saberá o que é a verdade; portanto, não faz sentido ter o instrumento. Percebe isso? Ou será isto muito ilógico? Ou um raciocínio capcioso? O meio é o fim, o meio não é diferente do fim.

Você diz: "Minha consciência e meus meios de percepção estão inteiramente dentro de mim." O que você quer dizer com a palavra *consciência*? É engraçado analisar isto. Não apenas compreender a capacidade do cérebro, mas sondar também. Nós nos dispomos a cavar fundo em busca de petróleo, a enfrentar todas as dificuldades, mas não queremos perder um segundo fazendo o mesmo em nós mesmos, em benefício de nós mesmos. Assim, o que entendemos pela palavra *consciência*? Será a consciência diferente do "você", do "eu"?

O que você quer dizer com consciência? Os especialistas já escreveram bastante a respeito disso. E nós não somos especialistas. Deus nos livre! Estamos apenas investigando juntos, como dois amigos. O que significa consciência para você? Tudo aquilo que você é, não é mesmo? A sua consciência é formada de todo o seu conteúdo: raiva, inveja, fé, crenças, ansiedade, aspirações, de todas as inúmeras experiências que alguém teve, de todo o acúmulo dos pequenos fatos da vida, e também do sofrimento, da dor, da insegurança, da confusão, e do desejo de escapar de tudo isso e descobrir algo duradouro. Nisso há também o medo da morte, e a pesquisa do que existe depois dela. E tudo isso, a enorme confusão, é a nossa consciência. Nós *somos* a nossa consciência. E o conteúdo da consciência produz toda a integridade da consciência, seja ela a consciência superior ou a inferior, ou o desejo de expandir a consciência, tudo isso ainda está no campo da consciência. E a consciência sou eu. Não existe "eu" sem isso. Quando você diz que o "eu" é diferente, que a minha consciência é diferente, então você trava uma batalha com ela; e a luta, o conflito, tudo isso vem a seguir.

A nossa pergunta, então, é: será possível descobrir por conta própria o conteúdo, compreender o conteúdo? Isto é bastante simples — sua maneira de pentear o cabelo, os hábitos de falar, de pensar. É bastante simples observar tudo isso e ainda assim ficar ciente dos condicionamentos próprios de um inglês, de um francês ou de um russo. Também é bastante simples perceber nossas inclinações religiosas — católicos, protestantes, hindus, budistas, e seguir uma delas —, isso é simples. Porém, para ir além disso, não precisamos de um *acqualung*, mas precisamos mergulhar fundo; e para mergulhar fundo é indispensável compreender primeiro o que está na superfície, e se é possível ficar livre das influências que nos condicionam. Será possível?

Descubra. Trabalhe nisso. Aplique nisso a sua enorme energia; você dispõe de uma grande energia; não precisa de mais. Você já precisou de muita energia para chegar até aqui. Se é que eu posso, respeitosamente, sugerir, apliquem nisso parte da energia. Quando você quer algo, você vai em busca desse algo. Isso significa que não se deve ser indolente; é preciso ser um pouco ativo. E não existe ninguém para ajudá-lo, nenhuma ferramenta, nenhum instrumento, nenhum líder, nada para ajudá-lo. Você precisa mesmo ficar desamparado para descobrir o que é verdadeiro. Não sei se vocês compreendem isso. Estar desamparado, realmente desamparado, implica dizer que você não conta com ajuda de espécie alguma, nem de ninguém, de nenhum livro, nem do ambiente. Quando você está nesse estado de total desamparo, então algo acontece. Então você passa a enxergar.

O questionador pergunta o que lhe dará a necessidade, a energia, para se mover na direção da verdade. Falar em "direção da verdade" significa que ela já está em algum lugar [risos]. Eu não estou brincando. Não estou sendo cínico ou desrespeitador, mas é assim; quando usamos palavras como *direção*, queremos dizer que a verdade já está *lá*, preconcebida, já existe em algum lugar, em razão da sua convicção ou porque alguém disse, e assim por diante. Não existem caminhos que o levem ao território da verdade. E esse território só pode existir quando não existem o medo e tudo o mais.

Q: Eu tenho medo de mudar. Se eu mudar, o que acontecerá depois? Isso me paralisa. O senhor pode falar a respeito disso?

K: Com prazer! Eu tenho medo de mudar. Se eu mudar, o que acontecerá depois? Fico paralisado só por isso. Por que a pessoa tem medo de mudar? O que quer você dizer com a palavra *mudar*? Há mais de vinte anos a pessoa vive nesta casa, do outro lado do gramado. E ficou apegada a determinado quarto em especial, ou aos lindos móveis do andar de cima. A pessoa se apega. Isso significa que você é aquilo a que você se apega. Se você se apega àqueles belos móveis, você é os móveis. Por isso, temos medo de mudar. Sou apegado àquele quarto. Mas felizmente este orador viaja bastante.

Sendo assim, o que significa essa palavra? Mudança "daquilo que existe" para "aquilo que deveria existir", certo? Essa é uma mudança. Ou mudança em relação ao meu antigo padrão, mas permanecendo dentro do padrão, indo apenas para a outra extremidade do gramado. Eu afirmo que mudei, que me movimentei, mas continuo no mesmo campo cercado de barreiras e de arame farpado. Ir para o norte, para o leste, para o oeste, para o sul é mudar. Por que usamos essa palavra? Sabe-se que biologicamente existe uma contínua mudança no sangue, um contínuo movimento; células velhas morrem, outras células tomam seu lugar, uma série de moléculas e assim por diante. Existe uma mudança constante ocorrendo fisicamente. E temos medo de mudar. Podemos abandonar a palavra *mudança*? Mudança implica tempo, não é mesmo? Eu sou isso, vou mudar para aquilo. Ou eu tenho sido isto e algum acontecimento surgirá, ocorrerá, e o acontecimento irá me modificar, e assim por diante. Mudança implica um movimento no tempo, certo?

Assim, se pudermos abandonar essas palavras *mudança* ou *revolução* ou *mutação*, todas as que este orador vem usando, então nos veremos apenas diante "do que existe". Não "do que deveria existir". Diante apenas "do que existe". Eu sinto raiva. Isto é "o que existe". Sou violento. Isto é "o que existe". Mas tornar-me política ou religiosamente não-violento é uma mudança. Tornar-me não-violento quando sou violento leva tempo. Nesse intervalo, estou lançando as sementes da violência. Isto é bastante simples.

Então, eu continuo com a violência, não tento mudá-la. Eu estou com raiva. Isto é um fato. Não há desculpas para a raiva. Eu posso procurar uma dúzia de desculpas para o ódio e a raiva, mas investigar as razões que me levam a ficar com raiva é outra maneira de fugir da raiva. Porque eu terei me distanciado. Bem, o cérebro então continua com "o que existe". Veja o que acontece. Por exemplo, eu sinto ciúmes de você. Não eu pessoalmente. Eu sinto ciúmes de você porque você parece tão mais bonito, mais limpo, tem bom gosto, tem uma ótima cabeça. Eu sinto inveja de você. E dessa inveja advém o ódio. A inveja é parte do ódio. A inveja é parte da comparação. Eu gostaria de ser como você e não posso. Então eu me antagonizo, sinto-me violento em relação a você. Porém, agora, eu continuo com "o que existe". Ou seja, eu percebo que sinto inveja. Veja só: eu sou invejoso. A inveja não é diferente de mim. A inveja *sou* eu. Assim, nada posso fazer a respeito. Fico com isso, mantenho isso. Vocês ficarão com isso? Nada de escapar, ou descobrir as causas, ou a razão, ou tentar ir além disso. Eu sou invejoso. Ficar com isso e ver o que acontece. Em primeiro lugar, não existe conflito; sem dúvida, se eu sou invejoso, sou invejoso. O conflito só existe quando eu não quero ser invejoso.

Então, se eu continuo assim, eu adquiro uma tremenda energia. A energia é como a luz focalizada em algo que então se torna bastante claro. E tudo aquilo que está claro não o atemoriza, não o paralisa. É assim. Eu espero que compreendam.

O importante não é tentar escapar, não é fazer um esforço, mas apenas continuar com "o que existe". Se eu sou inglês, continuo sendo inglês. Veja o que acontece. Como tudo fica limitado. Desculpe se você é inglês, perdoe-me — ou francês, ou russo, ou o que quer que seja. O conteúdo começa a se revelar por inteiro.

Q: Como proceder para enfrentar a agressão e o ataque psicológico de um parente próximo, de quem não se pode fugir? [risos]

K: Como proceder para enfrentar a agressão e o ataque psicológico de um parente próximo de quem não se pode fugir? Nós todos somos assim? Eu não posso escapar do meu guru porque me comprometi com ele ou ela, e dei todo o meu dinheiro para ele. Não riam; isso está acontecendo agora.

O que significa ser atacado psicologicamente, interiormente? Quando você está com um amigo chegado ou com um parente, existe sempre uma pressão psicológica, interior, acontecendo entre vocês. Vocês sabem de tudo isso, eu não preciso insistir nisso. Tentando sempre fazer algo a respeito do outro, atacando com sutileza, fisicamente ou por meio de insinuações, de palavras sutis, de gestos, você está sempre tentando empurrar o outro para um determinado padrão. E o questionador indaga: O que se deve fazer? Eu estou vivendo com você na mesma casa e você me bombardeia, e eu bombardeio você, não apenas com palavras e gestos mas até mesmo com um olhar, com um sentimento de irritação, e assim por diante. O que você fará para não ser ferido, para não ser empurrado psicologicamente de todo lado? Pode ser que você dependa financeiramente dessa pessoa. Você pode depender dessa pessoa por inúmeras razões, e a partir do momento em que você depende, você se torna escravo. A partir do momento em que você se apega, você estará perdido! Não vamos olhar para os outros; olhemos para nós mesmos.

Se eu estiver apegado a vocês como platéia, estarei perdido. Pois a partir de então dependerei de vocês para a minha satisfação, para o meu bem-estar, para a minha reputação, e também para o meu bem-estar físico. Mas se eu não dependo de vocês, eu preciso descobrir a razão por que não dependo de vocês. Ou seja, eu não dependo só de vocês, eu não dependo de nada. Eu quero descobrir se isso é verdade. Eu posso não revelar isso a um parente chegado. Eu quero descobrir por minha conta se é possível isso, vivendo no mesmo quarto, na mesma casa, com o marido, a mulher, parentes e assim por diante, ser totalmente inexpugnável. Não se trata de construir um muro à sua volta; isso seria bastante simples. Eu posso construir um muro em volta de mim, pedir desculpas e mostrar-me educado quanto a isso; mostrar-me gentil e afetuoso, mas ainda assim será um muro. O que significa limitação. Sendo assim, será possível mostrar-me vulnerável e ao mesmo tempo não me ferir? Ser altamente sensível, não responder de forma alguma segundo o meu apego? Vamos, pensem nisso. E se uma pessoa depende financeiramente de outra, isso torna-se perigosíssimo. A maioria de nós está nessa situação.

Se eu dependo financeiramente de você, o que acontece entre nós? Você tem a faca e o queijo na mão. Não apenas financeiramente, mas examine a questão com maior profundidade. Será possível viver com alguém de quem dependo financeiramente e saber que dependo dele, pois não posso fazer nada mais? Não posso começar uma nova carreira. Se eu for jovem, talvez até possa, mas se tiver cinqüenta, sessenta ou até mesmo setenta ou noventa anos, então não poderei começar uma nova carreira. Então, o que farei?

Onde então devo traçar a linha da dependência? Psicologicamente, eu não dependerei. De minha parte, eu não dependerei de ninguém, nem de nada, nem de nenhuma experiência passada. Não existe dependência. Mas se alguém depende financeiramente, onde traçar essa linha? Eu preciso lidar com isso, pois não posso mudar o jogo. Então, qual a profundidade dessa linha? Será apenas superficial? Ou terá grande profundidade? O importante da questão, pois, se a pessoa a compreende devidamente, é a liberdade. A liberdade é absolutamente indispensável. Eu dependo do leiteiro, do supermercado, do carteiro, e assim por diante, mas por outro lado, psicologicamente, não dependerei. Eu preciso ter isso muito claro.

Q: De tudo aquilo que o senhor diz, algumas pessoas parecem tomar as partes que se ajustam a seus problemas ou interesse e deixam de lado o restante. O que o senhor diz disso?

K: O que digo disso? Eu não preciso dizer nada a respeito. O que *você* diz? Estamos lidando juntos com a vida como um todo, e não apenas com parte dela. O mundo psicológico é imenso; não são apenas as reações físicas e as respostas neurológicas ou recordações, e assim por diante. Tudo isso faz parte da estrutura psicológica, cuja profundidade é muito maior. Estamos lidando não apenas com o mundo psicológico mas com a violência que existe no mundo. Existe atualmente uma grande violência; mata-se por matar, pelo prazer de matar; não só a violência armada, mas também a violência que destrói as pessoas quando as mesmas obedecem a alguém. Por favor, este assunto é importantíssimo. Não se limitem a destacar parte dele e a dizer que eu sou contra o exército. Estamos lidando com o fenômeno da vida como um todo, e não apenas com parte dele, tal qual fazem os cientistas, os médicos, os sacerdotes e os educadores. Estamos preocupados com a vida humana na sua inteireza. Se você gosta de recolher apenas fragmentos dela, isso é com você. Está tudo bem. Mas nós estamos nos ocupando com a vida na sua totalidade, e não apenas com a vida de alguém em particular, mas sim com a vida dos seres humanos espalhados pelo mundo inteiro. Existe uma pobreza imensa, incalculável, que você desconhece; você nada sabe acerca da sua indignidade, da sua degradação. E há todos esses circos religiosos — desculpem-me por usar esta expressão —, toda a bobagem religiosa que se vê pelo mundo todo; trata-se de um negócio gigantesco, com Rolls Royces e uma atividade frenética.

Estamos nos ocupando da humanidade como um todo. Nós também somos a humanidade — não se trata de dizer que a humanidade *está lá*, e que nós somos diferentes; nós somos a humanidade. Não somos ingleses, franceses ou russos; antes disso, somos seres humanos; as nacionalidades e profissões vêm depois. E nós, seres humanos, nos separamos, e é por isso que existe o caos no mundo. Alguém pode dizer: "Trata-se apenas de uma guerra no Líbano, ou no Extremo Oriente, no Afeganistão, sei lá, quem se preocupa!" Mas você sente lá no fundo que você é a humanidade inteira porque você sofre tal qual eles sofrem; você verte lágrimas como eles. Você fica ansioso, ri, sente dores, e eles também têm tudo isso, sejam eles ricos ou pobres. Eles estão contaminados, e o mesmo se dá conosco, de forma diferente. Eles estão corrompidos porque querem dinheiro, alimento e tudo farão para obter dinheiro e alimento, o que for.

Assim, nós somos a humanidade toda. Se você perceber a maravilha disto, que é a verdade, então você não matará, não haverá divisão entre este país e aquele outro; então toda a sua vida será diferente. Se quiser continuar a se contentar com partes dela, vá em frente. Ninguém o está pressionando para que pare de apanhar partes dela a fim de satisfazer suas pequenas exigências ou suas grandes exigências. Mas se a pessoa, verdadeiramente, profunda e honestamente, enxerga o fato real de que somos a humanidade inteira — não crentes, muçulmanos, hindus, budistas, cristãos —, então somos um só. Todos passamos por um parto dificílimo. Portanto, a busca de liberdade individual, de transformação individual e assim por diante passa a ser uma infantilidade.

Fontes e Agradecimentos

Do relato da sexta palestra em Poona, 3 de outubro de 1948, no volume V de *The Collected Works of J. Krishnamurti,* © 1991 Krishnamurti Foundation of America.

Do relato da segunda palestra em Rajghat, 23 de janeiro de 1949, no volume V de *The Collected Works of J. Krishnamurti,* © 1991 Krishnamurti Foundation of America.

Do relato da primeira palestra em Rajahmundry, 20 de novembro de 1949, no volume VI de *The Collected Works of J. Krishnamurti,* © 1991 Krishnamurti Foundation of America.

Do relato da quinta palestra em Bombaim, 12 de março de 1950, no volume VI de *The Collected Works of J. Krishnamurti,* © 1991 Krishnamurti Foundation of America.

Do relato da quinta palestra em Londres, 23 de abril de 1952, no volume VI de *The Collected Works of J. Krishnamurti,* © 1991 Krishnamurti Foundation of America.

Do relato da décima nona conversação com garotos e garotas na Rajghat School, 31 de dezembro de 1952, no volume VII de *The Collected Works of J. Krishnamurti,* © 1991 Krishnamurti Foundation of America.

Do relato da primeira palestra em Bombaim, 8 de fevereiro de 1953, no volume VII de *The Collected Works of J. Krishnamurti,* © 1991 Krishnamurti Foundation of America.

Do relato da segunda palestra em Poona, 10 de setembro de 1958, no volume IX de *The Collected Works of J. Krishnamurti*, © 1991 Krishnamurti Foundation of America.

De uma conversação com David Bohm em Brockwood Park, 18 de maio de 1975, capítulo 1 de *Truth and Actuality,* © 1977 Krishnamurti Foundation Trust, Ltd.

Da gravação do terceiro diálogo público em Saanen, 1º de agosto de 1975, © 1975/1976 Krishnamurti Foundation Trust, Ltd.

Da sétima palestra em Saanen, 25 de julho de 1976, capítulo 10 de *Truth and Actuality,* © 1977 Krishnamurti Foundation Trust, Ltd.

Da gravação de uma conversação com estudiosos do budismo e membros da equipe de Brockwood no Brockwood Park, 28 de junho de 1979, © 1979/1995 Krishnamurti Foundation Trust, Ltd.

Da gravação do segundo debate público em Ojai, Califórnia, 8 de maio de 1980, © 1980/1995 Krishnamurti Foundation Trust, Ltd.

Da gravação da segunda palestra em Bombaim, 3 de fevereiro de 1985, © 1985/1995 Krishnamurti Foundation Trust, Ltd.

Da gravação do segundo debate público em Bombaim, 7 de fevereiro de 1985, © 1985/1995 Krishnamurti Foundation Trust, Ltd.

Da gravação da terceira palestra em Bombaim, 9 de fevereiro de 1985, © 1985/1995 Krishnamurti Foundation Trust, Ltd.

Da quinta palestra em Saanen, 21 de julho de 1985, capítulo 5 de *Last Talks at Saanen 1985,* © 1986 Krishnamurti Foundation Trust, Ltd.

Do terceiro debate público em Saanen, 25 de julho de 1985, capítulo 8 de *Last Talks at Saanen 1985*, © 1986 Krishnamurti Foundation Trust, Ltd.

Da gravação do segundo debate público no Brockwood Park, 29 de agosto de 1985, © 1985/1995 Krishnamurti Foundation Trust, Ltd.

SOBRE RELACIONAMENTOS

J. Krishnamurti

Em 1950, Krishnamurti disse: "Se nos preocuparmos com a nossa própria vida, se entendermos o nosso relacionamento com os outros, criaremos uma nova sociedade; caso contrário, perpetuaremos a atual desordem e confusão."

Apresentando uma base de longo alcance para a resolução de muitas das crises mundiais, *Sobre Relacionamentos* reúne os ensinamentos mais essenciais para o relacionamento do indivíduo com as outras pessoas, com a sociedade e com a própria vida.

Neste livro, o renomado mestre torna claro que o modo como lidamos com as nossas crises pessoais e os nossos relacionamentos tem um significado mais amplo, global, que nos conecta com os problemas de todas as pessoas. Não se pode acabar com as causas da guerra, por exemplo, se deixamos de ver a necessidade de um verdadeiro respeito dentro da família e em relação a todas as outras pessoas.

* * *

J. Krishnamurti (1895-1986), o renomado mestre espiritual, divulgou sua mensagem em conferências e em livros como *Reflexões sobre a Vida*, *A Rede do Pensamento*, *Diálogos sobre a Visão Intuitiva* e outros, publicados pela Editora Cultrix.

Nesta nova série, serão publicados os seguintes títulos:

- *Sobre Deus*
- *Sobre relacionamentos*
- *Sobre a vida e a morte*
- *Sobre o modo correto de ganhar a vida*
- *Sobre conflitos*
- *Sobre aprendizagem e conhecimento*
- *Sobre amor e solidão*
- *Sobre a mente e o pensamento*

EDITORA CULTRIX

SOBRE A VIDA E A MORTE

J. Krishnamurti

Sobre a Vida e a Morte revela que o medo de morrer não tem como causa a dor física de nos separarmos de nossos entes queridos, mas sim o medo de que uma parte essencial do que somos deixará de existir. Krishnamurti explica que, para compreender a morte, que está inseparavelmente unida à vida, precisamos abordá-la com um entendimento puro, isento das atitudes e preconceitos que costumam acompanhar a discussão deste tema.

* * *

J. Krishnamurti (1895-1986), o renomado mestre espiritual, divulgou sua mensagem em conferências e em numerosos livros, dentre os quais se destacam os seguintes, que fazem parte do catálogo da Editora Cultrix: *Comentários sobre o Viver*, *Diálogos sobre a Vida*, *A Educação e o Significado da Vida*, *Diário de Krishnamurti*, *Liberte-se do Passado*, *A Primeira e Última Liberdade* e outros.

Nesta nova série, serão publicados os seguintes títulos:

- *Sobre Deus*
- *Sobre relacionamentos*
- *Sobre a vida e a morte*
- *Sobre o modo correto de ganhar a vida*
- *Sobre conflitos*
- *Sobre aprendizagem e conhecimento*
- *Sobre amor e solidão*
- *Sobre a mente e o pensamento*

EDITORA CULTRIX

SOBRE A APRENDIZAGEM E O CONHECIMENTO

J. Krishnamurti

"Existe um nome... que se destaca em contraste com tudo o que existe de secreto, de suspeito, de confuso, de livresco, de escravizador: Krishnamurti. Eis um homem da nossa época que pode ser considerado um mestre da realidade. Ele ocupa uma posição ímpar no cenário mundial."

HENRY MILLER

Sobre a Aprendizagem e o Conhecimento reúne as mais profundas observações de Krishnamurti sobre a natureza da aprendizagem e do acúmulo de conhecimentos.

Nestas páginas, até agora inéditas, Krishnamurti examina o efeito desses tópicos sobre a percepção humana e afirma que nossa dependência em relação ao conhecimento é potencialmente desastrosa tanto para as relações pessoais como para as relações globais.

Ele valoriza não só o uso necessário do conhecimento como o conhecimento psicologicamente prejudicial, oferecendo novas técnicas de aprendizagem mediante as quais podemos ter uma percepção mais precisa daquilo que desconhecemos.

* * *

J. Krishnamurti (1895-1986) é um renomado mestre espiritual cujas palestras e escritos têm inspirado milhares de pessoas. Nesta nova série publicada pela Editora Cultrix, estão incluídos os seguintes títulos:

Sobre Deus • Sobre relacionamentos • Sobre a vida e a morte • Sobre o viver correto • Sobre conflitos • Sobre a aprendizagem e o conhecimento • Sobre o amor e a solidão • Sobre a mente e o pensamento • Sobre a natureza e o meio ambiente.

EDITORA CULTRIX

SOBRE DEUS

J. Krishnamurti

"Às vezes, achamos que a vida é algo mecânico, e outras vezes, quando há tristeza e confusão, recorremos à fé, voltando-nos para um ser supremo em busca de ajuda e de orientação" — diz Krishnamurti nas primeiras páginas deste livro.

Nas palestras enfeixadas neste volume, Krishnamurti discorre sobre a incoerência dessa atitude, fala sobre a futilidade que é a procura do conhecimento do "incognoscível" e mostra que só quando cessamos a nossa busca intelectual é que podemos estar "radicalmente livres" para experimentar a realidade, a verdade e a bem-aventurança.

Neste livro, Krishnamurti nos apresenta "a mente religiosa" como aquela que percebe diretamente o sagrado, em vez de aderir a dogmas religiosos.

* * *

J. Krishnamurti (1895-1986), o renomado mestre espiritual, divulgou sua mensagem em conferências e em livros como *Reflexões sobre a Vida*, *A Rede do Pensamento*, *Diálogos sobre a Visão Intuitiva* e outros publicados pela Editora Cultrix.

Nesta nova série serão publicados os seguintes títulos:

- *Sobre Deus*
- *Sobre relacionamentos*
- *Sobre a vida e a morte*
- *Sobre o modo correto de ganhar a vida*
- *Sobre conflitos*
- *Sobre aprendizagem e conhecimento*
- *Sobre amor e solidão*
- *Sobre a mente e o pensamento*

EDITORA CULTRIX

SOBRE CONFLITOS

J. Krishnamurti

"Krishnamurti é um mestre religioso da mais alta distinção, que é ouvido com proveito e aquiescência pelos membros de todas as igrejas e seitas."

GEORGE BERNARD SHAW

Em 1992, Krishnamurti perguntou: "Por que existe essa divisão entre os homens, entre as raças, esse antagonismo de cultura contra cultura, essa série de ideologias que se digladiam? Por que existe essa separação?"

Sobre Conflitos oferece as mais profundas reflexões de Krishnamurti com relação à natureza do conflito humano. Estes ensinamentos vitais mostram como a origem dos conflitos globais e da violência está na confusão e no tumulto individual. Talvez fiquemos surpresos ao descobrir a verdade daquilo que já sabemos: que a "atividade interior dita a nossa atividade exterior".

Krishnamurti sugere que, para que possamos nos libertar do conflito e da contradição, e dessa forma acabar com a violência no mundo, precisamos enfrentar nossos conflitos interiores, compreendê-los e superá-los.

* * *

J. Krishnamurti (1895-1986) é um professor espiritual de renome mundial cujas palestras e escritos inspiram milhares de pessoas. Nesta nova série, publicada pela Editora Cultrix, estão incluídos os seguintes títulos:

Sobre Deus • Sobre relacionamentos • Sobre a vida e a morte • Sobre o viver correto • Sobre conflitos • Sobre a aprendizagem e o conhecimento • Sobre o amor e a solidão • Sobre a mente e o pensamento • Sobre a natureza e o meio ambiente.

EDITORA CULTRIX

SOBRE O AMOR E A SOLIDÃO

J. Krishnamurti

"Existe um nome... que se destaca em contraste com tudo o que há de secreto, de suspeito, de confuso, de livresco, de escravizador: Krishnamurti. Eis um homem da nossa época que pode ser considerado um verdadeiro mestre. Ele ocupa uma posição sem par."

– HENRY MILLER

Em 1950, Krishnamurti disse: "Só quando a mente não está se esquivando de maneira alguma é que é possível saber-se exatamente o que é a solidão e, para isso, tem de haver muito afeto, tem de haver amor."

Sobre o Amor e a Solidão é um instigante exame do nosso relacionamento íntimo com o nosso próprio ser, com os outros e com a sociedade. Krishnamurti afirma neste livro que o "verdadeiro relacionamento" só pode existir quando conhecemos as condições que separam e isolam pessoas e grupos. Só mediante a renúncia ao eu é que podemos compreender o problema da solidão e amar de fato.

* * *

J. Krishnamurti (1895-1986) foi um renomado mestre espiritual cujas palestras e escritos continuam inspirando milhares de pessoas.

Esta nova série de seus escritos é integrada pelos seguintes títulos:

- *Sobre Deus*
- *Sobre relacionamentos*
- *Sobre a vida e a morte*
- *Sobre o modo correto de ganhar a vida*
- *Sobre conflitos*
- *Sobre a aprendizagem e o pensamento*
- *Sobre o amor e a solidão*
- *Sobre a mente e o pensamento*

EDITORA CULTRIX

SOBRE A NATUREZA E O MEIO AMBIENTE

J. Krishnamurti

> **"Nos livros e nas palestras gravadas de Krishnamurti o leitor encontrará uma exposição clara e atual acerca do problema humano fundamental, junto com um convite para resolvê-lo do único modo pelo qual ele pode ser resolvido: pelo próprio homem em benefício da humanidade."**
>
> **ALDOUS HUXLEY**

Em 1948, Krishnamurti já dizia: "Pelo fato de não amarmos a Terra e seus produtos, mas apenas fazer uso deles, perdemos o contato com a vida... Perdemos o sentimento de ternura, essa sensibilidade, essa reação positiva diante das coisas impregnadas de beleza. Somente com o reavivamento dessa sensibilidade é que poderemos entender o que é um verdadeiro relacionamento."

Este é um dos mais interessantes volumes da série de escritos de Krishnamurti que vem sendo publicada pela Editora Cultrix. Aqui o mestre internacionalmente conhecido explica eloqüentemente como "o verdadeiro relacionamento" só passa a existir quando descobrimos como o nosso mundo interior de pensamentos e emoções está inextricavelmente ligado ao mundo exterior da humanidade, ao meio ambiente.

* * *

J. Krishnamurti (1895-1986) é autor de muitos livros, incluindo *Liberte-se do Passado*, *A Primeira e Última Liberdade*, *O Futuro é Agora* e outros. Nesta nova série, publicada pela Editora Cultrix, estão incluídos os seguintes títulos:

Sobre Deus • Sobre relacionamentos • Sobre a vida e a morte • Sobre o viver correto • Sobre conflitos • Sobre a aprendizagem e o conhecimento • Sobre o amor e a solidão • Sobre a mente e o pensamento • Sobre a natureza e o meio ambiente.

EDITORA CULTRIX